lonely planet

DE CERCA
TOLEDO

TEXTOS Y FOTOGRAFÍAS DE
Igor Gonzalo Sanz

Sumario

Puesta a punto 4

Arriba: sinagoga de Santa María La Blanca (p. 73). Abajo: panorámica de Toledo desde San Ildefonso (p. 66).

Excursiones por la provincia de Toledo

El viaje empieza aquí

El escarpado risco sobre el que se asienta esta ciudad monumental regala al visitante una extraña sensación de conocerla desde siempre y de descubrir nuevos secretos, ocultos durante miles de años. Carpetanos, romanos y visigodos antecedieron a judíos, musulmanes y cristianos en un desfile de culturas que calaron en estas deseadas tierras. Durante siglos, Toledo fue cuna de una pacífica convivencia de religiones, pero también escenario de sangrientas batallas por conquistarla. De aquellos avatares salieron a la luz tesoros de incalculable valor, magnas obras de ingeniería, exquisitas construcciones mudéjares, leyendas y personajes históricos que acompañan al viajero, de día y de noche, en cada paso por su laberíntico casco histórico (y bajo él).

Igor Gonzalo Sanz

@igorgonzaloofficial

Con 9 años comenzó a realizar fotografías y, desde entonces, no ha dejado de recorrer caminos en búsqueda de historias que contar. Cree en el viaje como herramienta para eliminar prejuicios y sus imágenes han sido publicadas en medios de todo el mundo. Con Lonely Planet ha publicado también las guías *En ruta por Castilla y León*, *Lo mejor de Extremadura* y *Lo mejor de la Comunidad de Madrid*. Puede seguirse su trabajo en la web www.igorfotografia.com.

Iglesia de Santiago del Arrabal (p. 58).

LO MEJOR

Las tres culturas

Durante ocho siglos, musulmanes, judíos y cristianos convivieron en Toledo (casi siempre en paz) legando a la ciudad un patrimonio inagotable que hoy se puede descubrir paseando entre mezquitas, sinagogas y grandes templos cristianos.

Cruzar la puerta de Bisagra y bordear la **iglesia de Santiago del Arrabal,** considerada la catedral del mudéjar en Toledo. (p. 58)

Dedicarle unos minutos a la **mezquita del Cristo de la Luz,** única superviviente de estilo califal en toda la ciudad. (foto superior; p. 64)

De orígenes romanos y construcción mudéjar, la iglesia de San Román alberga el **Museo de los Concilios y la Cultura Visigoda.** (p. 60)

Perderse en la inmensidad artística e histórica de la **catedral primada.** (foto superior; p. 104)

Recorrer el **monasterio de San Juan de los Reyes** sin perderse la techumbre de la planta superior del claustro. (p. 78)

Conocer la historia sefardí en la **sinagoga del Tránsito** y deslumbrarse con la inmaculada **sinagoga de Santa María La Blanca.** (pp. 82 y 85)

Dcha.: monasterio de San Juan de los Reyes (p. 78).

LO MEJOR

Gastronomía

Las cocinas toledanas son un arcoíris de sabores moriscos, sefarditas y cristianos. A la tradición culinaria de las tres culturas se le suman platos de caza, asados, guisos, potajes, quesos curados, vinos con denominación de origen y mazapanes, los reyes de la dulcería que muchos conventos y obradores elaboran.

Degustar un **cocido de la Sagra** en Venta de Aires. (foto izda.; p. 125)

Probar las **carcamusas** (foto dcha.), un tradicional guiso de carne con verduras en El Rus o unos deliciosos **huevos con jamón ibérico** en El Ábside. (pp. 69 y 125)

Adentrarse en la gastronomía tradicional en el restaurante Edemecum, con sus famosas **migas** o con platos de caza como la **perdiz a la toledana** o el **lomo de ciervo.** (p. 125)

Catar el **queso manchego con aceite de oliva virgen extra D.O. Montes de Toledo** en El Embrujo. (p. 69)

En invierno, calentarse con una clásica **sopa castellana** en el comedor del restaurante Plácido. (p. 96)

Dejar hueco para el postre y sentir la Navidad en cualquier momento del año saboreando los **mazapanes** de la confitería Santo Tomé o unas **toledanas** del convento de San Antonio de Padua. (pp. 96 y 97)

Dcha.: delicias de mazapán típicas de Toledo (p. 96).

LO MEJOR

Terrazas

Muchos hoteles permiten disfrutar de la noche toledana desde sus azoteas. Si se busca algo más tranquilo, los miradores de la ronda de Toledo, los cigarrales o el puente de Alcántara aseguran una postal única y una velada inolvidable.

Atravesar, entre miradores, la circunvalación que recorre el sur de la ciudad extramuros y disfrutar de las vistas desde el **Kiosco Base.** (p. 123)

Esperar a que la ciudad se ilumine para tomar algo en la terraza del **Parador de Turismo.** (p. 125)

Ser testigo de la refinada remodelación de las antiguas casas señoriales de recreo y disfrutar de una cena con vistas desde el **Cigarral de Caravantes.** (p. 125)

Despedir el día con una copa o una cena diferente, a los pies de la muralla norte, desde la **terraza del restaurante Recaredo.** (p. 69)

Asomarse al Tajo desde la **terraza del Miradero,** a un paso del paseo homónimo y del Palacio de Congresos de Toledo. (p. 45)

Acariciar el corazón histórico y cultural de la ciudad desde la **azotea del hotel Carlos V.** (p. 46)

Panorámica toledana desde el mirador del Valle (p. 123).

LO MEJOR

Panorámicas

Desde las torres de los Jesuitas hasta la ronda de Toledo, la ciudad inconquistable goza de miradores por doquier, muchos de ellos gratuitos. Esperar al anochecer es asegurarse una postal en la que la urbe parece iluminarse como un árbol de Navidad.

Asomarse desde el **mirador del Azor** llegando a un pequeño torreón escondido de la antigua muralla. (p. 64)

Tener un punto de vista diferente del norte de la ciudad en la **puerta del Sol** o en los **jardines de la mezquita del Cristo de la Luz.** (pp. 99 y 64)

Subirse a lo alto de la **iglesia de San Ildefonso** (Jesuitas) para volar virtualmente sobre los tejados del centro monumental. (p. 66)

Bordear la **ermita de la Virgen de la Cabeza** para tener una primera panorámica de los cigarrales, el Tajo y el sur de la ciudad histórica. (p. 123)

Saltar de mirador en mirador por la **ronda de Toledo** y asomarse al río desde la **ermita del Valle.** (p. 117)

Disfrutar de la estampa del puente de San Martín y despedirse del Tajo desde el mirador anejo al **Museo Victorio Macho** o desde los **jardines del Tránsito.** (pp. 90 y 91)

Jardines del Tránsito (p. 91).

LO MEJOR

Parques y jardines

Con pocos espacios abiertos en la ciudad amurallada, el viajero estará ávido de un lugar donde tomarse un descanso a la sombra, en una zona ajardinada donde sentarse y recuperar la energía. A continuación se revelan algunos de estos lugares.

Entre el Museo del Greco y la sinagoga del Tránsito, con aseos y una rosaleda con vistas al Tajo, la sombra y un banco donde reposar están asegurados en los **jardines del Tránsito.** (p. 91)

Los **jardines del circo romano** son una buena opción para pasear. (p. 124)

Al norte, extramuros y a un paso de la puerta del Cambrón, los jardines del **parque de La Vega** abrazan la Casa del Corcho. (p. 124)

La **Senda Ecológica del Tajo** ofrece, a los pies del río, un lugar donde pasear y descubrir algunos monumentos. (p. 122)

Frente al **paseo de Recaredo,** entre las puertas de Alfonso VI y del Cambrón, una alargada zona ajardinada regala buenas vistas de las murallas. (p. 122)

Los **jardines de la mezquita del Cristo de la Luz** cuentan con una bella panorámica y justifican la entrada al templo. (p. 64)

LO MEJOR

Ir de compras

Sobran los motivos para darse un capricho en esta ciudad y dejarse enamorar por los muchos artesanos que siguen dibujando en oro con la técnica del damasquinado, forjando el acero toledano en espadas y navajas, alfareros y ceramistas e incluso vidrieros que permiten que sus obras cambien con cada rayo de sol.

Los más golosos caerán fácilmente en la tentación de probar -y de regalar una cajita a toda la familia- los **mazapanes de Santo Tomé.** (p. 96)

Trasladarse al Medievo con las **espadas de Mariano Zamorano.** (foto superior; p. 69)

Viajar hasta Burguillos de Toledo para comprar una **vidriera en Grisallas Moreno,** o bordear la catedral primada de Toledo y llevarse un **candil de latón de Potenciano Fco. & Hijos.** (p. 97)

Junto al monasterio de San Juan de los Reyes, dejarse enamorar por los **damasquinados de F. Serrano.** (foto superior; p. 97)

La ciudad está llena de conventos y muchos de ellos continúan vendiendo sus **dulces toledanos**. (p. 70)

Aunque la capital cuenta con tiendas de **cerámica toledana,** nada como viajar hasta Talavera de la Reina y Puente del Arzobispo para conocer su origen y comprar directamente en sus fábricas artesanas. (p. 132)

LO MEJOR

Museos

Ubicados en antiguos palacios, mezquitas, sinagogas y otros edificios históricos, la ciudad de Toledo alberga algunos de los mejores museos de Castilla-La Mancha, muchos de ellos con carácter exclusivo en toda la península ibérica.

A un paso de Zocodover, el **Museo de Santa Cruz** está repleto de joyas de la Prehistoria y del legado árabe, romano y visigodo, además de una serie de pinturas de la escuela toledana y un recién inaugurado Espacio Mudéjar. (foto superior; p. 43)

Disfrutar de las diferentes salas del **Museo del Ejército,** perdiéndose entre sus 30 000 objetos bajo custodia. (p. 41)

Recorrer la casa-palacio de Ha-Leví, entre obras del pintor cretense en el **Museo del Greco.** (p. 91)

Ahondar en el pasado de la comunidad judía en el **Museo Sefardí,** en la bellísima sinagoga del Tránsito. (foto superior; p. 82)

Enmarcada en un edificio mudéjar que eclipsa al **Museo de los Concilios y la Cultura Visigoda,** la iglesia de San Román es una cita obligada. (p. 60)

La catedral primada es en sí misma un museo eterno, pero entre sus diferentes espacios destaca el conocido como el **Tesoro.** (p. 106)

Dcha.: Museo de los Concilios y la Cultura Visigoda (p. 60).

LO MEJOR

Patios y claustros

Durante el Corpus toda la ciudad se engalana con guirnaldas de flores y candiles esperando a que la Custodia de Arfe desfile alrededor de la catedral primada. Decenas de patios de conventos, monasterios y palacios se suman a la celebración abriendo sus puertas (muchas de ellas cerradas el resto del año).

Perderse en el inmenso y luminoso patio gemelar del **Hospital de Tavera.** (p. 118)

El **convento de Santa Isabel** muestra con orgullo su patio de la enfermería; también lo hacen el **convento de San Antonio de Padua** y el **palacio de Fuensalida.** (foto superior; p. 92)

Recorrer el claustro del **monasterio de San Juan de los Reyes** y observar sus gárgolas, arcos y el detallista artesonado mudéjar de su piso superior. (p. 78)

El **palacio Benacazón** y la **Casa de la Moneda** (actual sede del Consejo Consultivo) gozan de dos patios de gran belleza. (p. 66)

Relajarse entre arcos mudéjares y aromáticas plantas en los patios del **palacio de Galiana.** (foto superior; p. 122)

Admirar la torre de la **catedral primada** desde su claustro y llegar hasta la bella capilla del Arzobispo Tenorio. (p. 104)

Dcha.: claustro de la catedral primada (p. 104).

Terraza del Parador de Turismo (p. 125).

LO MEJOR

La noche toledana

En Toledo, aprovechar la caída del sol y los cielos estrellados es una obligación. Las altas temperaturas diurnas y el abanico de propuestas nocturnas animan a conocer la noche toledana y descubrir las leyendas que explican esta célebre expresión.

Recorrer la **catedral primada** llena de luz y color con su espectáculo **"Lumina".** (p. 104)

Cenar de pícnic en los miradores próximos a la **ermita del Valle** o en la **terraza del Parador de Turismo.** (pp. 117 y 125)

Disfrutar de la belleza del **Alcázar** y del **puente de Alcántara** al iluminarse desde el mirador homónimo. (p. 38)

Recorrer el **recinto amurallado** junto al paseo de Recaredo, entre las puertas de Alfonso VI y la del Cambrón. (p. 68)

Cenar o tomar una copa en alguna de las **terrazas y azoteas de hoteles** de la ciudad monumental. (pp. 46 y 69)

Salir de fiesta por el **barrio de Santa Teresa** o por el **casco histórico,** entre *pubs* recatados y discotecas. (p. 115)

Lo mejor para niños

Jugar a identificar los **monumentos de mazapán** que se observan en los escaparates de la confitería Santo Tomé. (p. 96)

Recorrer la ciudad con alguna de las **visitas teatralizadas** para soñar con misterios y leyendas; www.paseostoledomagico.es y www.toledosecreto.es son algunas de las empresas con guías oficiales.

Lanzarse desde la **tirolina urbana más larga de Europa,** junto al puente de San Martín y a las puertas de la judería. (p. 88)

Conocer las panorámicas más curiosas de la ciudad con la comodidad del **tren turístico** (salida frente al Alcázar y pl. Zocodover; adultos/niños 9/6 €; www.trainvision.es) o de los **autobuses City Sightseeing** (desde 22 €; www.city-sightseeing.com/es).

Disfrutar del espectáculo nocturno de **Puy du Fou.** (12 km al suroeste de Toledo; desde 28 €; www.puydufouespana.com)

Adentrarse en el **Museo Iluziona.** (adultos/niños 11/9 €; www.iluziona.com)

Lo mejor gratis

Cruzar el Tajo en la **Barca de Pasaje.** (p. 123)

Disfrutar de la bella panorámica que ofrece la **ronda de Toledo** y los miradores de los cigarrales. (p. 117)

Fundirse en el ambiente de la **plaza de Zocodover.** (p. 43)

Recorrer las engalanadas calles en torno a la catedral primada y conocer los patios ocultos durante la **semana del Corpus.** (p. 108)

Disfrutar de los **museos y edificios con acceso gratuito temporal,** como el Taller del Moro, la iglesia de San Román o el Museo de Santa Cruz. (pp. 94, 60 y 43)

Disfrutar del **exterior de muchas iglesias y conventos** que, como en el caso de la mezquita del Cristo de la Luz, suponen una de las partes más bellas del monumento. (p. 64)

Ciertas iglesias y ermitas no tienen horario de apertura pero pueden verse en los **minutos previos y posteriores a misa,** como la iglesia de Santiago del Arrabal y otras muchas. (p. 58)

Tres días perfectos

El patrimonio que todas las culturas dejaron en Toledo como legado para las generaciones futuras puede descubrirse en un par de días o dedicarle varias semanas (si se le quiere sacar todo el jugo a esta ciudad monumental).

Puente de San Martín (p. 88).

PRIMER DÍA

Si solo se dispone de un día

MAÑANA

Cruzar el **puente de San Martín** (foto superior; p. 88) y ascender hasta la **puerta del Cambrón** (p. 88) y, desde allí, continuar por la calle Reyes Católicos hasta el **monasterio de San Juan de los Reyes** (p. 78).

TARDE

Una vez observado el trabajo del damasquinado en la plaza de San Juan de los Reyes (p. 90), ir a la sinagoga de **Santa María La Blanca** (p. 85) y, después, visitar la **sinagoga del Tránsito** (p. 82) y el **Museo del Greco** (p. 91).

NOCHE

Probar unos mazapanes en la **confitería Santo Tomé** (p. 96) y dirigirse hasta la **catedral primada** (p. 104), donde tiene lugar la visita nocturna **"Lumina"** (p. 109).

SEGUNDO DÍA

Un fin de semana

MAÑANA

Madrugar para comprar unos dulces en el **convento de San Antonio de Padua** (p. 94), encontrarse con El Greco en la **iglesia de Santo Tomé** (foto superior; p. 92) y descubrir el **palacio de Fuensalida** (p. 92) y el cercano **Taller del Moro** (p. 94).

TARDE

Después de comer en el histórico patio del **restaurante Plácido** (p. 96), subir a lo alto de la **iglesia de San Ildefonso** (p. 66) y otear el norte conventual desde sus torres. Después, disfrutar en silencio de la belleza mudéjar de la **iglesia de San Román** (p. 60).

NOCHE

Acercarse hasta la **plaza de Zocodover** (p. 43) y alargar la noche en la azotea del **hotel Carlos V** (p. 46).

TERCER DÍA

Una escapada

MAÑANA

Amanecer desde la puerta del Sol y disfrutar sin saturaciones de la **mezquita del Cristo de la Luz** (p. 64). Maravillarse con la portada y el patio del **palacio Benacazón** (p. 44) y terminar la mañana recorriendo el **Museo de Santa Cruz** (p. 43).

TARDE

Después de comer algo en las calles aledañas a la **plaza Zocodover** (p. 43), visitar el **Museo del Ejército** (p. 41) y conocer la historia del **Alcázar** (p. 40).

NOCHE

En coche o bus, circunvalar Toledo por el sur mientras cae el sol y llegar al **puente de Alcántara** (p. 38). Cenar junto al **Hospital de Tavera** (foto superior; p. 118), en el **restaurante El Ábside** (p. 125).

Con más tiempo

Disfrutar de la magia que abraza la **estación de trenes** (p. 122), entre forja, madera y mosaicos de azulejos. Muy próximo a ella se encuentra el idílico **palacio de Galiana** (p. 122).

Entre los **puentes de Alcántara** (p. 38) y **San Martín** (p. 88), la **ronda de Toledo** (p. 117) recorre los antiguos cigarrales (hoy hoteles y restaurantes en su mayoría). Si se opta por caminar, al otro lado del río se encuentra acondicionada la **Senda Ecológica del Tajo** (p. 122), con parada en la **Casa del Diamantista** (p. 123), la **torre del Hierro** (p. 123) y, entre ambas, la **Barca de Pasaje** (p. 123) que cruza hasta el otro lado del río para subir hasta la **ermita del Valle** (p. 123).

La terraza del **restaurante Recaredo** (p. 69), la del **Miradero** (p. 45) o la del **Parador de Turismo** (p. 125) son las opciones para despedir el día desde el este, el norte o el sur, respectivamente.

Estación de trenes de Toledo (p. 122).

Toledo subterránea

Las **Cuevas de Hércules** (foto superior; p. 66) y las **termas romanas** (p. 66) rescatan del olvido a la antigua ciudad de Toletum.

En la judería están los **baños árabes del Ángel** (p. 95) y, al sur de la catedral primada, los **baños del Caballel** (p. 112) y los del **Cenizal** (p. 112). La **Cámara Bufa** (p. 43), a los pies del convento de la Concepción, es la parada perfecta en el ascenso desde el puente de Alcántara hasta Zocodover.

El **Pozo del Salvador** (p. 94) y otros muchos secretos, como mazmorras y salas de torturas medievales e infraestructuras abandonadas del sistema hidráulico de la ciudad romana se esconden bajo tierra.

En un día soleado

De mayo a octubre es una cuestión de supervivencia evitar las horas centrales del día, por lo que es buena idea invertir esas sofocantes horas (muchas, según se acerca el estío) en conocer con calma algunos puntos de interés.

La **catedral primada** (p. 104), el **Alcázar** (p. 40) junto con el Museo del Ejército, y el **monasterio de San Juan de los Reyes** (foto superior; p. 78) son tres de los monumentos que más requieren una visita sosegada. Si hace calor, la excusa es perfecta para dedicarles todo el tiempo que merecen.

En Toledo no faltan las opciones museísticas para días tremendamente calurosos –o lluviosos–. Entre los mejores están el **Museo del Greco** (p. 91) y el de **Santa Cruz** (p. 43).

Prepararse

ANTES DE PARTIR

Tres meses antes
Reservar el alojamiento para evitar los precios más altos y contar con más opciones para elegir. Si se va a hacer alguna excursión, comprar los billetes de transporte (flexibles).

Un mes antes
Contratar las entradas a los espectáculos y apuntarse a los recorridos guiados. Si se desea evitar colas, comprar a distancia la **pulsera turística** o las entradas sueltas.

Una semana antes
Confirmar todas las reservas realizadas y asegurarse mesa en los restaurantes elegidos (sobre todo durante el fin de semana o festivos).

Visitas guiadas/por libre

Toledo es una ciudad en la que perderse es un placer y callejear sin rumbo es sinónimo de descubrimiento constante. Pero si se opta por las visitas guiadas, se conocerán de cerca lugares exclusivos, leyendas misteriosas y se accederá más rápido a ciertos monumentos con saturación de turistas.

Qué llevar

Toledo es un constante sube y baja por laberínticas calles que responden a su estructura de ciudad defensiva medieval. Se debe optar por un calzado cómodo, ropa ligera (especialmente en primavera y verano) y llevar siempre algo de beber y un paraguas (para protegerse del sol). Buena parte de los monumentos son de carácter religioso, por lo que el decoro se ha de tener en cuenta (p. ej., evitar entrar solo con camisetas de tirantes).

Entrada gratuita

Algunos monumentos tienen días u horarios en los que la visita es gratuita (cambian en función del monumento). Muchas iglesias solo abren para la misa, por lo que los minutos previos y posteriores son de acceso libre (con menor iluminación).

Rito hispano-mozárabe

La catedral primada ofrece misa mozárabe todos los días a las 9.00 y otras iglesias (Santas Justa y Rufina, San Lucas y Santa Eulalia) ofician los domingos misa coral y/o rito hispano-mozárabe con entrada libre (www.misas.org y www.mozarabesdetoledo.es).

OFICINAS Y WEBS DE INFORMACIÓN TURÍSTICA

La oficina de turismo de la ciudad (www. turismo.toledo.es) se encuentra cerca de la plaza del Ayuntamiento. Por el remonte mecánico de Recaredo -en Subida de La Granja- se llega a la de la Diputación Provincial (www.turismoprovinciatoledo.es), y la de Castilla-La Mancha (www. turismocastillalamancha.es) se emplaza en la mezquita de las Tornerías.

PRESUPUESTO DIARIO

Económico Menos de 200 €

- Habitación doble en un hostal o pensión: **100-200 €**
- Bocadillo y bebida: **10-15 €**
- Entrada a algún monumento: **4-12 €**

Medio 200-350 €

- Habitación doble en un hotel de 3 estrellas: **200-300 €**
- Comida en un bar o restaurante: **15-25 €**
- Pulsera turística: **12 €**

Alto Más de 350 €

- Habitación doble en hotel de lujo: **desde 300 €**
- Comida o cena en un restaurante selecto: **desde 35 €**
- Pulsera turística y visita a los monumentos imprescindibles **29 €**
- Recorrido nocturno guiado o asistencia a algún espectáculo: **12-50 €**

Moneda
Euro (€)

Idioma
Castellano

Zona horaria
UTC/GMT+1 h invierno, UTC/GMT+2 h verano

PULSERA TURÍSTICA DE TOLEDO

La pulsera turística de Toledo incluye la visita a la **sinagoga de Santa María La Blanca,** la **iglesia de El Salvador,** la **iglesia de Santo Tomé,** la **mezquita del Cristo de la Luz,** el **monasterio de San Juan de los Reyes,** la **iglesia de los Jesuitas o de San Ildefonso** y el **Real Colegio de Doncellas Nobles,** aunque solo permite un acceso por monumento y una vez puesta no se puede quitar de la muñeca o perdería su validez. Se vende por 12 € en cualquiera de los siete monumentos citados. La entrada a cada monumento por separado (sin la pulsera) cuesta 4 €.

Cuándo ir

En Toledo se dice (y se siente) que julio y agosto son temporada baja. La ciudad, con sus empinadas subidas y bajadas y el abundante patrimonio por descubrir, es más amable en cualquier otra estación que la estival. Su mayor festividad es el Corpus Christi, que marca, desde un punto de vista climático, la despedida al tiempo agradable.

Grandes eventos

Marzo-abril La ciudad se sume en un silencio sepulcral, solo interrumpido por los tambores, carracas y cornetas de algunas de las cofradías procesionales. Las mujeres visten peinetas y mantillas y los pasos salen a la calle. Desde el 2014 la **Semana Santa** de Toledo está catalogada de interés turístico internacional (www.semanasantatoledo.com).

Mayo-junio El jueves siguiente a la octava de Pentecostés tiene lugar la **procesión del Corpus Christi,** también fiesta de interés turístico internacional: sale en comitiva la Custodia, que hace un recorrido por el centro histórico, entre el fervor popular; la ciudad amurallada, ese día, es intransitable y queda literalmente colapsada por el evento, por lo que la única opción es aparcar extramuros y madrugar mucho. Durante toda la **Semana Grande,** las calles se engalanan con guirnaldas florales y candiles y muchos patios toledanos se visten de gala o salen de la hibernación para abrirse al público.

Clima

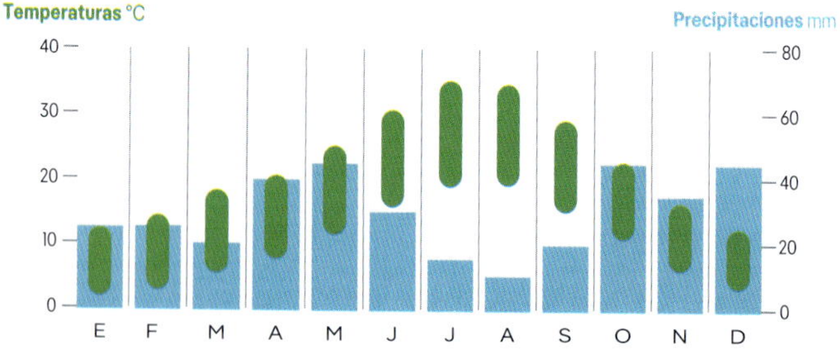

Ambiente y decoración durante el Corpus Christi (p. 108).

Romerías

Con la llegada del buen tiempo, tienen lugar numerosas romerías, como la de la **Virgen de la Cabeza** (último domingo de abril), la de la **Virgen del Valle** (1 de mayo), la de la **Virgen de la Bastida** (segundo domingo de mayo), la del **Santo Ángel Custodio** (tercer fin de semana de mayo, en el cigarral homónimo), la de **San Jerónimo** (fin de semana próximo al 30 de septiembre) y la dedicada a la **Virgen de la Guía** (12 de octubre). Más información en turismo.toledo.es.

PATRIMONIO DESCONOCIDO

El Consorcio de Toledo, además de gestionar la recuperación del ingente patrimonio oculto de la ciudad, organiza rutas gratuitas para darlo a conocer. Los **martes** se visitan el convento de Santa Clara y el de San Clemente y, por la tarde, el Pozo del Salvador. Los **miércoles** es el día para visitar el convento de Comendadoras y, por la tarde, la iglesia de San Sebastián y los baños de Tenerías. Los **jueves** es el turno de los baños del Ángel y Judío. Los **viernes** se acude a la cripta y capilla de San Jerónimo y, por la tarde, a los baños del Cenizal y Caballel. Los **sábados** se viaja al pasado desde la mezquita del Cristo de la Luz y, por la tarde, desde el Patio Singular y la muralla (reservas 925 253 080).

Cómo llegar

Casi un millón de personas visitan cada año la capital toledana. Una buena parte lo hace desde el extranjero y, salvo para los turistas españoles, el aeropuerto de Madrid-Barajas supone hoy por hoy la opción más cercana y rápida.

Del aeropuerto Adolfo Suárez Madrid-Barajas hasta Toledo

Llegar a Madrid desde el aeropuerto

Desde el aeropuerto madrileño (al noreste de la ciudad) se puede tomar el metro, las líneas de tren C1 y C10 de Cercanías Renfe o la Línea Exprés que llega a la estación de trenes de Atocha (precio algo más elevado).

Llegar a Toledo desde Madrid

En tren La alta velocidad llega cada hora a Toledo tras 35 min de trayecto (www.renfe.com; ida/ida y vuelta 13/23 €).

En bus La compañía Alsa sale cada 30 min desde la plaza Elíptica y tarda entre 60 y 90 min (www.alsa.es; ida y vuelta 11 € aprox.).

En Taxi El precio final depende de lo que marque el taxímetro y puede superar los 100 €. Otra opción es contratar el trayecto con empresas como **Uber** o **Cabify,** a precios preestablecidos (algo menores) y sin sorpresas.

Entrar en la ciudad amurallada

Desde la estación de trenes de Toledo

A pie Se tardan unos 20 min caminando un tramo y subiendo después por las escaleras mecánicas de la plaza del Granadal. Un **taxi** (ubicados en la entrada de la estación) cobra aprox. 6 € hasta Zocodover. Las líneas de **autobús urbano** 5, 511, 61 y 62 llevan hasta Zocodover desde la estación de trenes (el billete sencillo cuesta 1,40 €; si es en metálico, con billetes de hasta 5 €).

Desde la estación de autobuses de Toledo

A pie Se llega en pocos minutos, subiendo directamente por las escaleras mecánicas de la plaza del Granadal. Un **taxi** (desde la estación) cobra aprox. 6 € hasta Zocodover. La línea de **autobús urbano** 5 se encuentra dentro de las propias dársenas de la estación y, fuera de esta, las líneas 12, 61, 62 y 511 llevan hasta Zocodover (el billete sencillo cuesta 1,40 €).

Cómo desplazarse

Callejear sin prisas por las calles de la ciudad antigua es la mejor forma de sentir la esencia de las tres culturas que alberga Toledo. Resulta rápido y barato, aunque dejarse perder y volver a encontrar el rumbo es norma de la casa.

A pie

Lo más recomendable es concentrar cada día de visita en una zona (en esta guía se proponen cinco) y madrugar para aprovechar el frescor y la calma de las primeras horas. También es posible realizar, si el viaje es de menor duración, recorridos a pie temáticos o trasversales, haciendo parada en los monumentos imprescindibles. Hay que tener en cuenta que la ciudad tiene una estructura laberíntica, con empinadas y estrechas calles, por lo que, cuando turista y vehículos de vecinos o transportistas se encuentran, el peatón debe apartarse para permitir el paso.

Autobús

Hay gran cantidad de autobuses (www.unauto.es) y, aunque el precio del billete sencillo no es elevado (1,40 €), perder el tiempo esperando o tratar de encontrar en el plano el más próximo al punto de interés buscado no merece la pena. Si se pretende una visita rápida y cómoda por el centro histórico, el autobús o tren turístico ofrecen una buena panorámica. (p. 19).

Taxi

En función del número de viajeros, un taxi puede salir más rentable que el propio autobús ya que los recorridos son realmente cortos y el precio medio se encuentra entre 6 y 8 € (925 255 050; www.radiotaxitoledo.es).

Automóvil

Se debe evitar a toda costa intentar acceder a la ciudad intramuros en vehículo propio. En función del momento y de las fechas, se puede terminar por perder media jornada en salir de la encerrona. Además, usar el coche en una urbe que se puede recorrer caminando con facilidad, contribuye negativamente a agravar el ya caótico problema vecinal para moverse a diario por su ciudad.

AHORRAR EN EL TRANSPORTE

Toledo es fácil de recorrer a pie, pero si se opta por el autobús urbano de forma habitual, sale a cuenta adquirir una tarjeta, con una recarga mínima de 5 € (los billetes sencillos pasan de costar 1,40 € a 0,32 €).

Otra cara de Toledo

Además de sus tres culturas, Toledo esconde enterrado un pasado menos conocido. Una serie de señales indican, desde su empedrado suelo, los lugares por los que se accedía a la antigua judería y, cuando llega la noche, la ciudad se envuelve en romanticismo, misterio y leyendas que no dejan dormir a nadie.

El suelo de la judería

Una puerta, ubicada en el actual Arquillo, frente al monasterio de San Juan de los Reyes (p. 78), comunicaba los dos barrios que conformaban la judería: la Al-Aqba y la Judería Mayor. La muralla (ahora desaparecida) que delimitaba esta zona de la ciudad aún puede sentirse, caminando por la calle Samuel Ha-Leví, cuyo firme en espiga traslada al aspecto que pudo tener en tiempo de los alarifes mudéjares. En el emplazamiento de las seis puertas con las que contaba la judería -la del Cambrón (p. 88) es la única superviviente- se ofrece, al caer el sol, una proyección con letras y símbolos hebreos sobre el suelo para facilitar su ubicación (se encuentran en la travesía de Descalzos, Santo Tomé, Montichel, el Ángel, Samuel Ha-Leví y la mencionada del Cambrón). Además, una serie de placas en bronce sobre el suelo con la palabra Sefarad (España judía) conformando la figura de la península y unas placas cerámicas (La palabra *jai*, "vida" en hebreo, la *menorá* o candelabro de siete brazos y el símbolo de la Red de Juderías de España) señalan lugares destacados.

La noche toledana

Pasar una noche toledana no suele ser sinónimo de descanso. La leyenda cuenta que esta frase tiene origen en la matanza que, una madrugada del s. VIII, ejecutó el gobernador musulmán Amrus ben Yusuf contra medio millar de muladíes sospechosos de rebelarse contra el califa de Córdoba -fueron invitados a un banquete, pero acabaron acuchillados y sus cabezas exhibidas como aviso al resto de ciudadanos-. Ahora, la noche se puede pasar recorriendo la Toledo desconocida (p. 27) o cenando románticamente en el Mirador del Valle (p. 123).

TOLEDO EN BICI

Utilizar la bicicleta para descubrir los alrededores de Toledo puede ser una gran idea. Las alquilan en el Eco Hotel (www.ecohoteltoledo.com).

Judería toledana (p. 75).

La Toletum olvidada

Esta ciudad no deja de sorprender con sus edificios, mazmorras, baños, pozos y espacios subterráneos que van saliendo a la luz. Pero hay un pasado, el romano, que pide ser rescatado. Entre los enclaves más importantes (la lista completa sería interminable) están el acueducto y su vecino puente de Alcántara (este sí, lustroso), el circo, las murallas, la villa de la Fábrica de Armas (y sus mosaicos), y parte del sistema hidráulico de Toletum (las termas, las bóvedas bajo la calle Alfonso X, las Cuevas de Hércules y las cloacas romanas).

ASEOS GRATUITOS

- Parque de la Vega (p. 124)
- Detrás del monasterio de San Juan de los Reyes, en la calle de Santa Ana (p. 78)
- Jardines del Tránsito (p. 91)
- Plaza del Ayuntamiento (p. 110)

Explora Toledo

Excursiones por la provincia de Toledo

Circuitos a pie

PARA DESCUBRIR CADA ZONA

MERECE LA PENA

Panorámica desde el Mirador del Valle (p. 123).

Sugerencias de lugares para comer y beber en **p. 46**

Explora
Zocodover y el este

El noreste del centro histórico ofrece en un espacio manejable gran parte de la esencia de Toledo. El puente de Alcántara es la entrada más épica a una ciudad deseada y que vio pasar a romanos, visigodos, árabes y reyes cristianos. En Zocodover tenía lugar el mercado de ganado y hoy disfruta de un ambiente en el que rebosan las propuestas gastronómicas. Los mejores mazapanes de la ciudad pueden catarse en esta plaza que da acceso directo al edificio más insigne de la capital manchega: el Alcázar. Y si apetece darse un paseo junto al Tajo, aquí da comienzo su Senda Ecológica.

Cómo llegar y desplazarse

A pie

Desde la estación de autobuses (extramuros, al norte) hay unas escaleras mecánicas que dan acceso directo al Palacio de Congresos de Toledo, en lo que sería el antiguo Alficén. Aparcar en la subida al castillo de San Servando y cruzar el puente de Alcántara (al este) es otra opción, aunque la subida es empinada.

★

LO MEJOR

Visitar el **MUSEO DE SANTA CRUZ** (p. 43).

Probar el mazapán del obrador **SANTO TOMÉ** (p. 46).

Observar las mejores vistas del Alcázar en el **PUENTE DE ALCÁNTARA** (p. 38).

Dar un paseo relajante por la **SENDA ECOLÓGICA DEL TAJO** (p. 50).

Cervantes y el Arco de la Sangre (p. 44).

CIRCUITO A PIE

Conocer Zocodover y el este

La parte oriental de la ciudad ofrece la posibilidad de conquistar Toledo sin miedo a las consecuencias sufridas por todos aquellos que lo intentaron a lo largo de su historia. La plaza de Zocodover y las calles aledañas reciben al viajero con numerosas propuestas culinarias. El Museo del Ejército, el Museo Cromática y el Museo de Santa Cruz son los tres platos principales de una variada carta de galerías, al este de la capital manchega.

INICIO	FINAL	DURACIÓN
Puente de Alcántara	Alcázar	0,9 km; 3-5 h

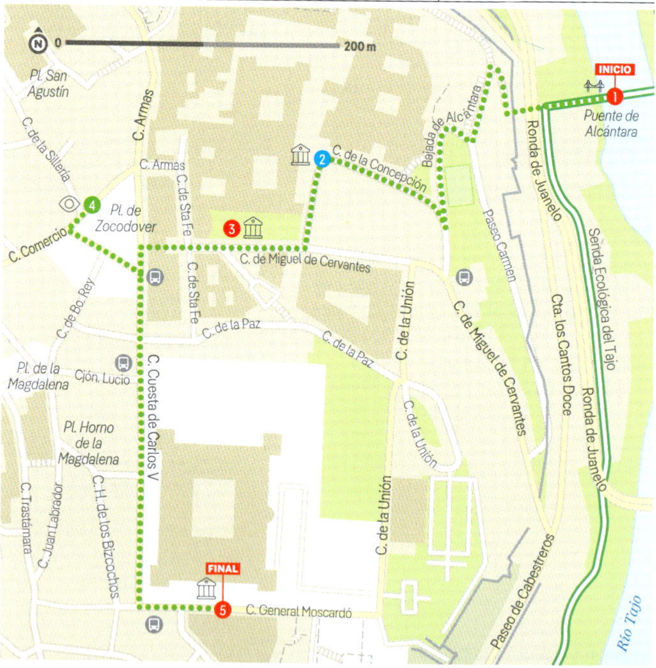

1 Puente de Alcántara

Sin lugar a dudas, la forma más bella (aunque también la más dura físicamente) de zambullirse en la zona este de la ciudad es cruzando el **Tajo** desde este histórico puente (p. 38), dejando atrás el **castillo de San Servando** (p. 122). En pendiente zigzagueante por un firme escalonado y empedrado, el viajero se sentirá parte de una cinta bélica de época, protagonista de una inmersión demasiado fácil en una ciudad infranqueable.

2 Museo Cromática

Traspasada la muralla, se pueden aprovechar las zonas aterrazadas para disfrutar de las **panorámicas** que regala el Tajo (y para tomar un respiro para seguir subiendo). Una vez se deja atrás la **Cámara Bufa** (p. 43), se debe bordear el convento palaciego de las **Concepcionistas** (los viernes a las 11.00 se puede visitar la cripta y la capilla de San Jerónimo). Alberga en su interior uno de los museos más originales del mundo, el Cromática, con música en directo todos los días (y una coctelería destacada).

3 Museo de Santa Cruz

Con grandes sillares de piedra y un claustro imprescindible, se deja a un lado el Museo de Santa Cruz (p. 43). El interior de este antiguo hospital guarda tres colecciones destacadas: la zona arqueológica (romana, visigoda, árabe y mudéjar), pinturas de la escuela toledana de los ss. XVI y XVII (con obras de El Greco y Luis Tristán) y, por último, una serie dedicada a las artes industriales y la artesanía local.

4 Plaza de Zocodover (p. 43)

El último tramo de este paseo permite saludar a **Cervantes** (en forma de escultura), cruzar el **Arco de la Sangre** y dejarse tentar por las muchas (e interesantes) opciones gastronómicas de las calles trasversales. La plaza de Zocodover no es de gran tamaño, pero goza, a diario y desde su origen, de una animada vida.

5 Alcázar y Museo del Ejército

A mano izquierda y sin posibilidad de pérdida, la mirada se aleja en dirección al Museo del Ejército y al imponente edificio del Alcázar (p. 40).

★ IMPRESCINDIBLE

Puente y puerta de Alcántara

El Tajo parece acercarse a Toledo para acariciarla desde el sur y hacer las veces de un auténtico foso natural. El primero de los puentes que tuvo la ciudad (y el único durante muchos siglos) es el encargado de recibir al gran río, aunque su aspecto actual dista mucho del que presentaba en época romana. Es la puerta de oro para adentrarse en Zocodover y conquistar el Alcázar.

PLANO: P. 42 **D3**

VISTAS ÚNICAS
El puente de Alcántara (desde el lado sur del Tajo) brinda una de las mejores vistas del Alcázar, especialmente al anochecer, cuando la muralla y los monumentos más destacados se iluminan.

Historia

La calzada romana que comunicaba la Península en diagonal, de norte a sur, se topaba en Toledo con una bifurcación de la que era protagonista este puente. Aquí, el camino se dividía y había que elegir entre seguir hacia Córdoba o hacia Mérida.

Ha sido demolido y vuelto a levantar en varias ocasiones, pero su nombre, como tantos otros tesoros de la cultura y gastronomía peninsular, fue otorgado durante la dominación musulmana. Al Qantarat significa "el puente" y es que este fue el primero de todos y el único durante varios siglos. Sus dos torreones tenían como función proteger el acceso a la ciudad y datan de época medieval. Su aspecto actual se debe a la última de sus reformas, en tiempos de los Reyes Católicos. Era desde el castillo de San Servando (al otro lado del río, en lo alto de un cerro; p. 122) donde se vigilaba este flanco de la ciudad.

De las tres puertas que daban acceso a la plaza de armas solo una (la de Alcántara) se conserva, aunque muy diferente de su aspecto original tras varias restauraciones. El acceso en codo responde a la estrategia defensiva propia de los musulmanes. Desde aquí solo queda subir haciendo paradas para descansar y tomar aire hasta llegar a Zocodover.

Merece la pena

La puerta de Doce Cantos ofrece una buena panorámica del río donde queda algún resto del acueducto romano (p. 123). Aquí se puede dar inicio a la Senda Ecológica del Tajo (p. 122), que ofrece un plan alternativo para el verano, con sombras que van y vienen, abrazando toda la mitad sur de la ciudad. Continuando la carretera se llega a la Casa del Diamantista, la torre del Hierro y la Barca de Pasaje (que permite cruzar el río en una especie de barca de forma gratuita).

CON MÁS TIEMPO

Se puede seguir hacia el norte el recorrido que hace la muralla primitiva para descubrir su origen visigodo, bordeando el convento de las Concepcionistas (p. 37) y posteriormente el paseo del Miradero.

★ IMPRESCINDIBLE

Alcázar

Romanos, visigodos, árabes y reyes cristianos ubicaron aquí sucesivos edificios que siempre se aprovecharon de lo estratégico y dominante del lugar. Fue bombardeado durante la Guerra Civil y volvió a reconstruirse. No hay forma de ocultarlo, es visible desde cualquier lugar de la ciudad, especialmente si se disfruta de la panorámica que ofrece el sur del conjunto histórico de Toledo, en la zona de los cigarrales o desde el otro lado del puente de Alcántara.

PLANO: P. 42 **B5**

VISTAS ÚNICAS
En el extremo sur del Alcázar, donde se unen la cuesta de los Capuchinos y la calle del Horno de los Bizcochos, el callejón del Vino de Esquivias brinda, al atardecer, una íntima vista de la catedral.

Escanea este código QR para precios, horarios y demás.

Historia del Alcázar

Sobria y con porte altiva, la mole cuadrilátera del Alcázar se erige desde lo más alto de la roca sobre la que se asienta Toledo. Debido a su estratégica posición, siempre tuvo una clara importancia militar. Fue palacio durante los tiempos de dominación romana y, en sus inmediaciones, el rey Leovigildo [573-586] ubicó las residencias regias. Con la llegada de los árabes a la Península se reedificó para defender la alcazaba. Fueron ellos quienes le dieron el nombre de Al Qasar (fortaleza), que derivó en Alcázar, aunque su aspecto no era el actual.

Los monarcas que llegaron después intentaron darle un aspecto más palaciego a través de sucesivas reconstrucciones. Carlos V (quien asumió en su escudo el águila bicéfala de las legiones romanas) derribó por completo el edificio existente para levantarlo de nuevo y conseguir un doble propósito: dotar a la corte de un lugar confortable donde pernoctar (alejado del anterior aire de fortaleza) y afianzar una imagen de poder tras haber sufrido un levantamiento por parte del pueblo y de la nobleza castellana (el movimiento comunero, 1520-1522).

La historia parece haber maldito este lugar pues, desde su primer incendio, durante la Guerra de Sucesión (1710) y pese a las constantes restauraciones,

fue bombardeado hasta dejarlo en ruinas durante la Guerra Civil y ha sido pasto de las llamas en varias ocasiones (la última en el 2022).

La ubicación de la capital en Madrid hizo que nunca llegara a utilizarse como residencial real, aunque sí hubo reinas que se alojaron en él. Fue usado como cárcel, casa de caridad, academia militar y como cuartel. Hoy alberga el Museo del Ejército y la Biblioteca Regional de Castilla-La Mancha, desde donde se obtienen unas bonitas panorámicas, de las pocas en las que no se ve este pétreo edificio, protegido como Bien de Interés Cultural (BIC), que acapara todas las postales con los 59 m de altura de sus cuatro torres.

Museo del Ejército

Aprox. una quinta parte de los 30 000 objetos que custodia este **museo** *(925 238 800; temporalmente gratis)* está expuesta, distribuida en varias plantas que suman 8000 m². Los más pequeños disfrutarán de la sala de miniaturas.

UNA PAUSA

No se debe desaprovechar el paso por la plaza de Zocodover sin probar el más insigne de los dulces toledanos en la histórica tienda de mazapanes **Santo Tomé** (p. 46), junto al Arco de la Sangre.

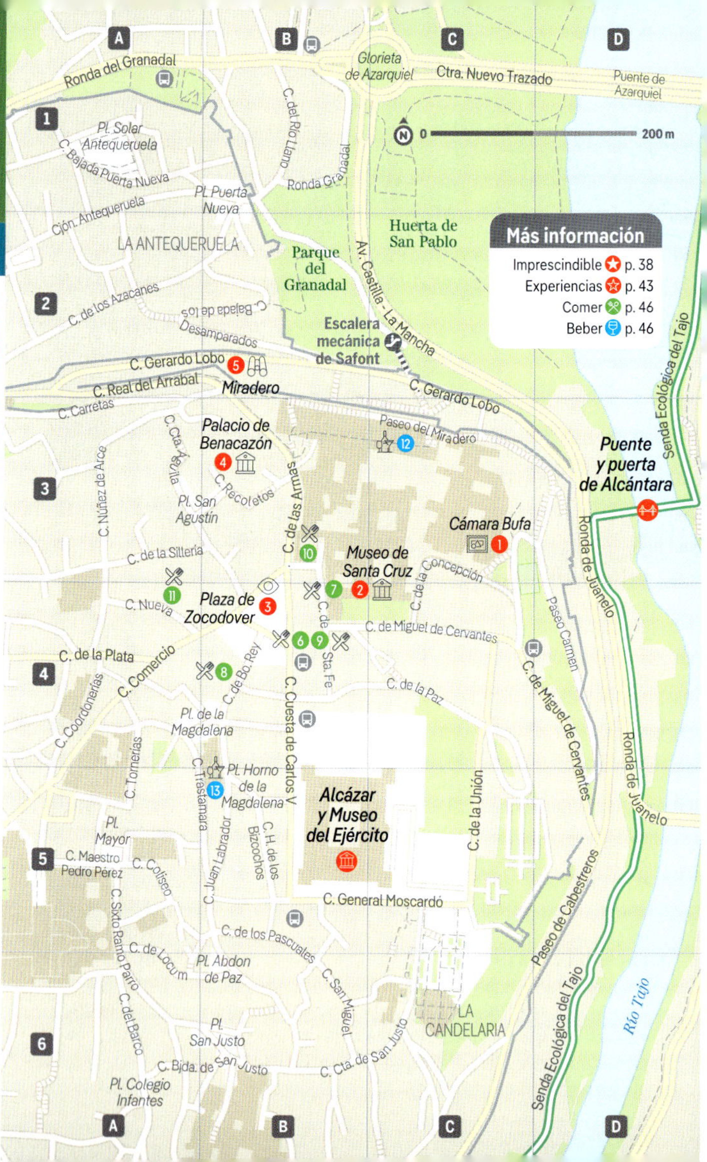
A
B
C
D
1
2
3
4
5
6
0
200 m
Más información
Imprescindible p. 38
Experiencias p. 43
Comer p. 46
Beber p. 46
Ronda del Granadal
Glorieta de Azarquiel
Ctra. Nuevo Trazado
Puente de Azarquiel
Pl. Solar Antequeruela
C. Bajada Puerta Nueva
C. del Río Llano
Ronda Granadal
Pl. Puerta Nueva
Cjón. Antequeruela
LA ANTEQUERUELA
Parque del Granadal
Huerta de San Pablo
Av. Castilla - La Mancha
C. de los Azacanes
C. Bajada de los Desamparados
Escalera mecánica de Safont
C. Gerardo Lobo
C. Real del Arrabal
Miradero
C. Carretas
C. Gerardo Lobo
Paseo del Miradero
Palacio de Benacazón
C. Cta. Águila
C. Recoletos
Pl. San Agustín
C. de las Armas
C. Núñez de Arce
Puente y puerta de Alcántara
Senda Ecológica del Tajo
Cámara Bufa
C. de la Sillería
Museo de Santa Cruz
C. de la Concepción
Ronda de Juanelo
Plaza de Zocodover
C. Nueva
C. de Sta. Fe
C. de Miguel de Cervantes
Paseo Carmen
C. de la Plata
C. Comercio
C. de Bo. Rey
C. de la Paz
C. de Miguel de Cervantes
C. Coordonerías
Pl. de la Magdalena
C. Cuesta de Carlos V
C. Tornerías
C. Trastamara
Pl. Horno de la Magdalena
Alcázar y Museo del Ejército
C. de la Unión
Ronda de Juanelo
Pl. Mayor
C. Maestro Pedro Pérez
C. Coliseo
C. Juan Labrador
C. H. de los Bizcochos
C. General Moscardó
Paseo de Cabestreros
C. Sixto Ramo Parro
C. de Locum
C. de los Pascuales
Pl. Abdon de Paz
C. San Miguel
C. del Barco
Pl. San Justo
LA CANDELARIA
Río Tajo
Senda Ecológica del Tajo
C. Bjda. de San Justo
C. Cta. de San Justo
Pl. Colegio Infantes

EXPERIENCIAS

Sumergirse en la Cámara Bufa — BAJO TIERRA

PLANO: 1 P. 42 **C3**

Forma parte de la Toledo subterránea (y hay mucho bajo el suelo de esta ciudad). Su acceso recibe al visitante desde la escalera anexa a los ábsides del convento (en subida desde el puente de Alcántara a la parte alta de la urbe), bajo la plaza de las Concepcionistas. Su misión original era generar una corriente natural de aire (de ahí su nombre, que proviene de bufar y luego soplar) para mantener sin humedad el muro del convento. Uno de los laterales está habilitado para exposiciones y el otro permite observar el origen medieval de los muros conventuales. Las visitas las gestiona el **Consorcio de Toledo** *(www.consorciotoledo.com)* y son gratuitas.

Visitar el Museo de Santa Cruz — MUSEO

PLANO: 2 P. 42 **B4**

Ubicado junto al **convento de la Concepción,** en plena subida hacia la plaza de Zocodover, es uno de los mejores museos *(925 221 402; adultos/reducida 4/2 €)* de la ciudad, tanto por el continente como por el contenido. Se asienta en el solar donde antes estuvieron los palacios de los gobernadores omeyas y los reyes musulmanes. Con la llegada de los cristianos, los reyes de Castilla cedieron el espacio a distintas órdenes religiosas. El lugar pasó de convento a hospital y más adelante, a orfanato.

Responde al estilo gótico hispano-flamenco, con elementos de tradición islámica y una evolución hacia el plateresco renacentista manteniendo su aspecto medieval. El claustro y las techumbres de madera son la antesala a sus grandes tesoros pictóricos y arqueológicos. Además de numerosas piezas de la prehistoria, el legado visigodo, romano y árabe, el museo atesora una importante colección de pinturas de la escuela toledana de los ss. XVI y XVII, con especial importancia de El Greco y Luis Tristán, a quien se considera discípulo del pintor griego pese a desarrollar un estilo muy diferente (naturalismo tenebrista). Al cierre de esta edición, algunas de las salas del museo estaban cerradas por obras de remodelación.

Saborear Toledo en la plaza de Zocodover — PLAZA

PLANO: 3 P. 42 **B4**

Cuesta creerlo pero es la plaza más grande del conjunto histórico (Toledo está dispuesta como una ciudad defensiva de laberínticas callejuelas). También es la más antigua de todas, y de su origen como zoco conserva el nombre, pues Carlos V se dispuso a convertir la capital imperial en una nueva Roma. De este modo, aunque las obras no llegaron a concluirse, pasó a tener un aspecto más próximo al prototipo de plaza mayor castellana. Durante el dominio árabe de la ciudad, aquí se celebraba el mercado de ganado, algo que se heredó con la conquista cristiana de la ciudad. Fue lugar de ejecuciones, celebraciones de todo tipo, autos de fe y hasta plaza de toros.

Atravesar el **Arco de la Sangre** (si se opta por comenzar la visita ascendiendo desde el **puente de Alcántara**) da paso a la plaza de Zocodover, atestada de bares, tiendas de recuerdos, restaurantes y grupos de turistas esperando a sus guías, pero su valor histórico es, sin embargo, incuestionable. La posición de esta plaza la convierte en el punto de partida perfecto para acercarse al antiguo **Hospital de Santa Cruz** o ver atardecer desde el **Miradero.** Si se tuerce a mano derecha (mirando hacia el edificio de la **Delegación del Gobierno en Castilla-La Mancha**) se alcanza el **Museo del Ejército** (p. 41) y el **Alcázar** (p. 40) en poco más de 1 min. Disfrutar del interior de este magno edificio llevará el resto de la mañana.

Acercarse al palacio de Benacazón

EDIFICIO HISTÓRICO

PLANO: 4 P. 42 **B3**

Actualmente es la sede de la **Cámara de Cuentas de Castilla-La Mancha** *(925 127 568)*. Aunque pasa desapercibido por ubicarse en un callejón sin salida con acceso desde la calle de Recoletos, su portada mudéjar es una auténtica delicia, y el interior, con bóvedas

Zocodover durante la semana del Corpus Christi.

EL OLVIDADO PASADO ROMANO

En las proximidades a la puerta de Doce Cantos, unas escaleras de difícil acceso dan lugar a lo que fuera el acueducto romano de Toledo. Ahora apenas quedan restos visibles (se han retirado algunos fragmentos en los extremos para evitar desprendimientos en la carretera), lo que demuestra lo olvidado que tiene esta histórica ciudad su pasado como Toletum. Existen varias teorías acerca de la desaparición de esta magna obra de la ingeniería romana. Una de ellas apuesta porque una crecida del Tajo se lo llevó por delante. Otras, en cambio, aseguran que la demolición fue un acto intencionado, motivado con el fin de proteger a la ciudad del invasor, cortando sus vías de acceso.

romanas, cerámica de Talavera (p. 132), yeserías y artesonados mudéjares y algunos elementos góticos, no se queda atrás. Algunos historiadores afirman que el edificio original perteneció al rey Pedro I de Castilla y que albergaría en algún momento alguna dependencia de la Inquisición. De hecho, su patio interior se conoce como "patio de los presos". Padeció, como una gran parte del centro toledano, los destructores bombardeos que asolaron la ciudad durante la Guerra Civil y fue restaurado entre 1968 y 1972.

Asomarse desde el Miradero

MIRADOR

PLANO: 5 P. 42 **B2**

Las vistas que ofrece son realmente bellas, especialmente al atardecer, aunque todo el conjunto histórico queda a sus espaldas. Se ubica junto al **Palacio de Congresos de Toledo "El Greco"** y se accede rápidamente tomando la vía a mano derecha al acceder a la plaza de Zocodover por el Arco de la Sangre. Si se acaba de llegar en autobús, desde las dársenas hay unas escaleras mecánicas que evitan la subida y llegan directamente a esta azotea urbana.

SUGERENCIAS

Lo mejor para...

Localizaciones en el plano de la **p. 42**

€ Económico €€ Medio €€€ Alto

Comer

Confitería y repostería

Santo Tomé €€
6 B4
Con casi 170 años de tradición artesana elaborando mazapanes, cuenta con varias confiterías. En Zocodover está una de ellas, junto al Arco de la Sangre. *9.00-22.00 lu-do; www.mazapan.com*

Tapas y cócteles

Tabernita Tapas Bar €
7 B4
Desde las autóctonas carcamusas hasta los huevos rotos con matanza, en este local se atreven hasta con el bocata de calamares. Sirven cócteles y cervezas artesanas. *13.00-17.00 y 20.00-24.00 lu-vi, 12.30-17.00 y 19.30-1.00 sa, hasta 24.00 do; www.tabernitatoledo.com*

Raciones y menús

Restaurante-coctelería Barrio €€
8 B4
Dispone de un menú degustación por 35 € pero la carta es muy amplia e incluye croquetas de jamón ibérico con polvo de tomate, tartar de atún crujiente o taco de pulpo a la brasa. *12.30-1.00 lu-vi y 12.30-2.30 sa y do; www.barriorey.com*

Cuchara de Palo €
9 B4
Este clásico de Toledo es una apuesta segura. Entre las numerosas tapas, destacan los duelos y quebrantos, los gambones y la pipirrana. *10.00-23.30 lu-vi, hasta 24.30 vi, 10.30-24.30 sa, hasta 23.30 do; www.cucharadepalo.com*

El Trébol €
10 B3
Su bomba Trébol es el plato más demandado (patata rellena de carne, pimiento, alioli y tomate picante). Otras propuestas son el estofado de ciervo y boletus, las parrillas y las pulgas. *9.00-24.00 lu-vi, 11.00-1.00 sa, hasta 24.00 do; www.cerveceriatrebol.com*

Nuevo Almacén Zocodover €
11 A3
Menú diario a 15 € con buena relación calidad-precio. La carta incluye raciones, huevos con patatas, carnes, hamburguesas, ensaladas y *woks* de ternera o *risotto* de setas. *ma-do 9.00-16.30 y 19.30-24.00; www.nuevoalmacentarambana.com*

Beber

Copas

Terraza del Miradero
12 C3
Junto al nuevo Palacio de Congresos, en el paseo homónimo, ofrece música en directo y vistas al Tajo. *10.00-2.00 do-ju, 10.00-4.00 vi y sa; 925 220 792*

Azotea del Hotel Carlos V
13 B5
El cielo y la ciudad histórica parecen estar más cerca desde la azotea de este hotel en la que también se puede cenar. *19.00-24.30 bar ma-do, 20.00-23.00 gastro azotea; www.carlosv.com/es/azotea*

★ MERECE LA PENA

Tras los pasos de El Greco

Podría decirse que El Greco es el protagonista indiscutible de Toledo, ciudad a la que dedicó tiempo y muchas de sus pinturas. La capital de las tres culturas está salpicada de su vida y obra, llena de luz y religiosidad. El itinerario propuesto implica una jornada cargada de visitas, pero supone un paseo revelador por toda la urbe (incluida la zona extramuros).

INICIO	FINAL	DURACIÓN
Museo de Santa Cruz	Hospital de Tavera	4 km; 6-8 h

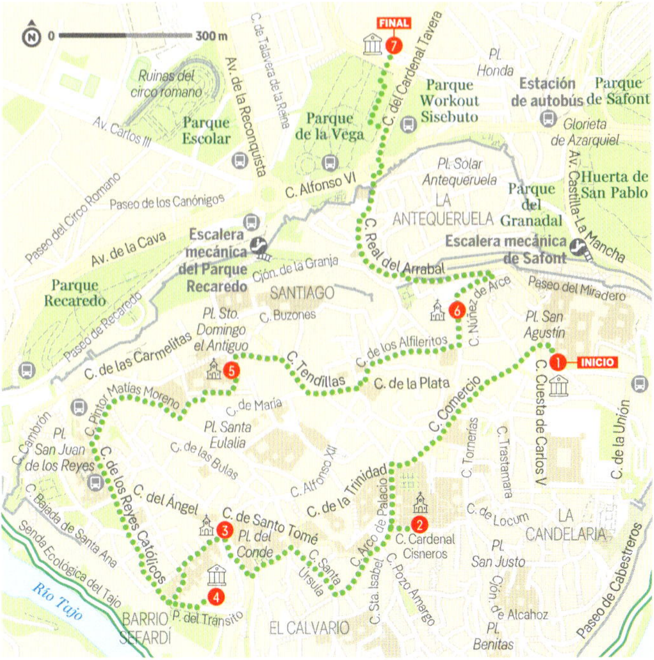

1 Museo de Santa Cruz

Aunque este antiguo hospital (p. 43) merece una visita completa, la parte dedicada a la escuela toledana atesora una importante selección de obras del artista. De entre todas destaca *La Verónica,* una versión reducida de *El Expolio.* El recorrido por este museo abarca diferentes estilos, técnicas y etapas del arte asociado a la ciudad. De espaldas al Alcázar, se encuentra ubicado en el extremo nororiental de la ciudad amurallada y, al cierre de esta edición, una parte importante de sus salas se encuentran cerradas por obras de remodelación.

2 Catedral primada

El Greco es probablemente la mejor excusa para perderse en la inmensa belleza de la catedral primada de Toledo (p. 104). Se trata del corazón monumental de la ciudad y palpita con la intensidad de cada uno de los protagonistas de la capital manchega (su gastronomía, sus tradiciones y sus artistas). Si el viaje por las innumerables capillas y espacios museísticos de la seo toledana deja tiempo para rescatar al pintor griego, la **sacristía,** además de atesorar una de las mejores colecciones de pintura de El Greco (*El Expolio* es su más insigne pieza), supone una auténtica pinacoteca, con lienzos de Caravaggio, Van Dick, Goya y Tiziano, entre otros.

3 Iglesia de Santo Tomé

Un imán para aquellos que buscan el lienzo más famoso y visitado de la ciudad. Enclavada en plena judería, esta iglesia (p. 92) supone el eje desde el que organizar un recorrido propio por este barrio, el más concurrido del Toledo histórico. Depende del momento, la saturación de turistas que luchan por hacerse un hueco y poder observar (y fotografiar) el *Entierro del señor de Orgaz* (originalmente *Entierro del conde de Orgaz*) puede arruinar la experiencia.

4 Museo del Greco

La casa de época que alberga este espacio museístico y etnográfico (p. 91) no fue la del pintor griego, pero bien podría haberlo sido. El estilo propio y fácilmente reconocible del autor renacentista se puede disfrutar en este lugar único en el que cuelgan de sus paredes obras como *Vista y plano de Toledo, Las lágrimas de san Pedro* y un apostolado completo. Además, el acceso al edificio principal se hace atravesando unos jardines que otorgan sombra y frescor, especialmente en primavera y verano.

Frente al museo, se extiende uno de los mayores jardines de la ciudad, los del Tránsito, desde los que se puede aprovechar para admirar una bella panorámica del Tajo y sus alrededores.

5 Convento de Santo Domingo el Antiguo

Los retablos de este museo conventual (p. 67) atraen todas las miradas. Aquí se pueden encontrar los primeros cuadros que pintó El Greco a su llegada a Toledo y también su sepulcro, en una cripta subterránea.

6 Capilla de San José

Obra de Nicolás de Vergara, este edificio herreriano (p. 65) del s. XVI cuenta con dos pinturas originales del protagonista de este recorrido: *San José con el Niño* y *Coronación de la Virgen*. Hay que consultar antes si se puede visitar *(925 253 080)*.

7 Hospital de Tavera

El camino junto a El Greco finaliza con su última firma, el retablo de *El Bautismo de Cristo*, y con una serie de obras que recorren su vida a modo de epitafio: un retrato del cardenal Tavera (póstumo), la *Sagrada Familia con santa Ana*, *San Francisco en el rezo* y un tabernáculo frente al retablo, entre otras. Entre muchas curiosidades sobre cómo se elaboró el retrato del cardenal, el viajero puede recorrer las diferentes salas y la maravillosa biblioteca-archivo de este edificio palaciego (p. 118), extramuros, al norte de la ciudad.

Hospital de Tavera.

★ MERECE LA PENA

Senda Ecológica del Tajo

Con una serie de recientes mejoras que han hecho más accesible este interesante baño de naturaleza, el Tajo llega aquí para hacer las veces de foso natural, al sur de la zona amurallada. Esta senda, apta para las familias, supone un relajante paseo para recuperar fuerzas antes de proseguir con el inabarcable patrimonio de Toledo.

INICIO	FINAL	DURACIÓN
Puente de Alcántara	Baño de la Cava	3 km; 2 h

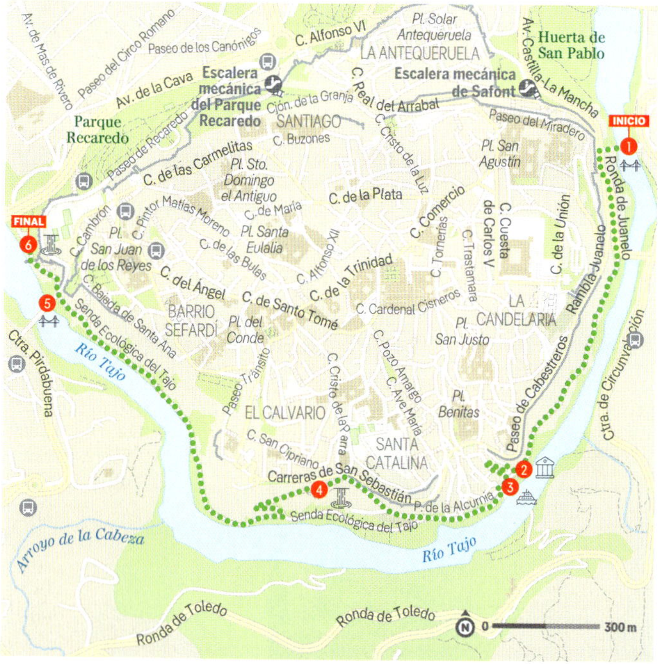

1 Puente de Alcántara
Partiendo de la zona nororiental de la ciudad extramuros, muy próximo al puente de Alcántara (p. 38), hay otro puente de menor tamaño abierto al tráfico rodado. Casi adosado a la montaña se encuentra el acceso (señalizado) a esta senda que permite bordear el casco antiguo de Toledo.

2 Casa del Diamantista
Esta casa (p. 123) fue destruida durante la Guerra Civil y recuperada durante la década de 1970. Coqueta y en previsión de ser un centro de interpretación (actualmente solo es posible disfrutar de su exterior), perteneció al joyero José Navarro, un orfebre de gran reputación entre los nobles del s. XIX. Su especialidad era la talla y montaje de diamantes, destacando una pieza que pasaría para siempre a la historia: la corona que portó la infanta Isabel en su ceremonia de coronación.

3 Barca de Pasaje
Es una tradición entre los vecinos de Toledo cruzar gratuitamente de una a otra de las riberas del Tajo en esta barca (p. 123, si es que se la puede considerar como tal). El embarcadero está junto a la Casa del Diamantista.

4 Baños de Tenerías
La margen derecha del Tajo, en pendiente hacia el río desde el límite sur de la ciudad monumental (bajo el barrio de Curtidores), atesora con poco cariño estos baños árabes (p. 112) cuya finalidad, además de higiénica, era social y religiosa. Se ubican junto a la **iglesia de San Sebastián** (anteriormente mezquita de Al-Dabbagin) y permitían purificarse antes de acceder al templo. Se pueden visitar a través de las rutas de **Patrimonio Desconocido** (*www.consorciotoledo.com*).

5 Puente de San Martín
Una vez sobrepasado el magno edificio de las Cortes de Castilla-La Mancha (por la noche es un auténtico lucero) y bajo el monasterio de San Juan de los Reyes, se llega al puente de San Martín (p. 88), acceso a la **judería** toledana.

6 Baño de la Cava
Este torreón (p. 93) siempre ha estado cargado de misterio y leyendas. Se encuentra aguas abajo del puente de San Martín y es la despedida al paso del Tajo por Toledo. Si se desea continuar, merece la pena (sobre todo para observar aves) llegar hasta la **Fábrica de Armas.**

Sugerencias de lugares para comer, beber y comprar en **p. 69**

Explora
Norte conventual

Supone el recorrido más amplio de toda la ciudad, pero revela una imagen del pasado y el presente toledano a la vez. Cinco conventos, con sus patios y sus tiendas de repostería, casi se dan la mano. La mezquita del Cristo de la Luz, única de estilo califal que se conserva en España (junto a la de Córdoba), alberga una leyenda apasionante y el mudéjar toledano atesora en esta zona, al norte del conjunto histórico, las mayores joyas de su arquitectura: Santiago del Arrabal y San Román. El legado romano se oculta bajo este laberíntico entramado y es posible acariciarlo en las Cuevas de Hércules. Si se busca una vista de pájaro, el Azor y las torres de San Ildefonso regalan las mejores panorámicas.

Cómo llegar y desplazarse

A pie

Junto a la estación de autobuses hay unas escaleras mecánicas que dan paso al extremo oriental de esta parte de la ciudad. La puerta de Bisagra y también la de Alfonso VI (en la glorieta de la Reconquista) son el paso más monumental (y en pendiente) a la cara norte de la zona intramuros de Toledo. Muy próximas a esta puerta hay otras escaleras que llegan hasta el edificio de la Diputación Provincial (subida a La Granja). Por último, dando la mano a la judería, la puerta del Cambrón (en el paseo de Recaredo) da acceso, a mano izquierda, al norte conventual.

Iglesia de Santiago del Arrabal (p. 58).

★

LO MEJOR

Contemplar Toledo desde lo alto de la **IGLESIA DE SAN ILDEFONSO** (p. 66).

Pasear por la ciudad amurallada siguiendo el **PASEO DE RECAREDO** (p. 68).

Maravillarse ante el interior mozárabe de la **IGLESIA DE SAN ROMÁN** (p. 60).

Admirar los detalles mozárabes del exterior de la **IGLESIA DE SANTIAGO DEL ARRABAL** (p. 58).

CIRCUITO A PIE

Recorrer el norte conventual

Entre conventos que atesoran los primeros encargos de El Greco en la ciudad y despachos de venta de dulces monacales, este recorrido supone una jornada intensa de callejeo por el serpenteante entramado urbano de Toledo. En el camino se suceden puertas con historia, iglesias de leyenda, joyas del mudéjar y los mejores miradores de la ciudad amurallada.

INICIO	FINAL	DURACIÓN
Puerta de Bisagra	Puerta de Alfonso VI	3 km; 4-6 h

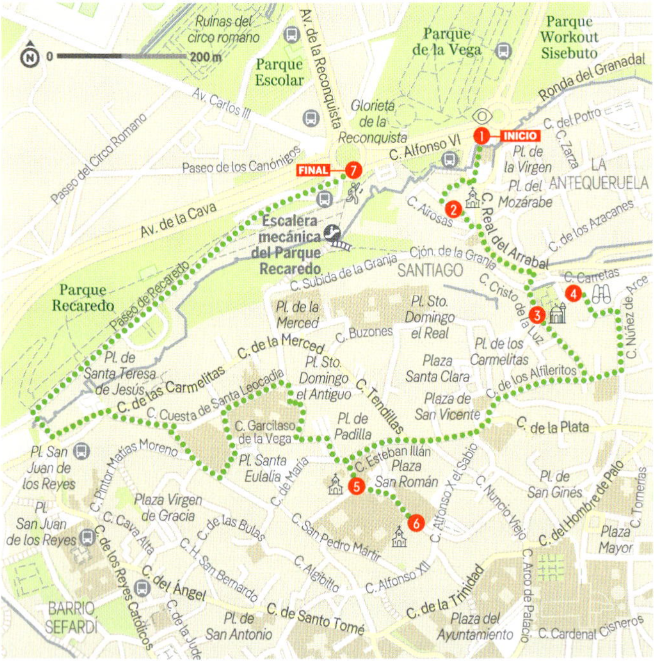

1 Puerta de Bisagra

Atravesar el espacio a modo de patio de armas entre las dos puertas que conforman este acceso triunfal a la ciudad es el mejor inicio de este recorrido.

2 Iglesia de Santiago del Arrabal

Nada más salir de la puerta de Bisagra (p. 56), se debe rodear la que es considerada catedral del mudéjar toledano (p. 58). Aunque su interior solo es visitable en horario de misa, disfrutar de cada una de sus puertas es una cita obligada en todo viaje a Toledo.

3 Mezquita del Cristo de la Luz

La leyenda que envuelve a esta mezquita (p. 64), que después fue iglesia, es merecedora de una visita que ya apetece viendo su exterior, de diminutas proporciones pero de un valor artístico único en todo el país.

4 Mirador del Azor

A primera hora de la mañana, antes de que el sol sea un inconveniente, asomarse desde este antiguo cubo (p. 63) de la **muralla** permite tener una primera y privilegiada panorámica de la ciudad extramuros al norte.

5 Iglesia de San Román

El **Museo de los Concilios y la Cultura Visigoda** se aloja en esta impresionante iglesia mudéjar (p. 60) con un pasado que se remonta a tiempos romanos. La belleza de sus pinturas murales y las dimensiones de los arcos sobrecogen al visitante nada más entrar.

6 Iglesia de San Ildefonso

Con una portada solemne y grandilocuente, el interior de este templo (p. 68) es de un blanco inmaculado. El plato fuerte de este lugar son las vistas de 360º que se tienen desde sus **torres:** todo el conjunto histórico de la ciudad es visible desde lo más alto de esta iglesia jesuita.

7 Paseo de Recaredo

Tras un paseo con decenas de posibles paradas (**Casa de Mesa, Santo Domingo el Antiguo, Santa Eulalia, Santa Leocadia** y **Real Colegio de Doncellas Nobles,** entre otros), se puede salir del recinto amurallado por la puerta del Cambrón (ubicada al oeste) y caminar hacia el noreste disfrutando en pendiente ascendente de este flanco defensivo (p. 68) que termina en la **puerta de Alfonso VI.**

★ IMPRESCINDIBLE

Puerta de Bisagra

Es casi un castillo en sí misma, con dos grandes torreones circulares, un amplio patio de armas y una altura abrumadora. En su interior recibe al visitante una escultura en honor de Carlos V y una placa cerámica con una frase de Cervantes sobre Toledo que reza: "Peñascosa pesadumbre, gloria de España y luz de sus ciudades". La puerta de Bisagra es la bienvenida a una ciudad imperial que vio truncado su sueño al trasladarse la capital a Madrid. Si se consigue olvidar el tráfico de la rotonda que la antecede, da paso a un conjunto monumental inolvidable.

PLANO: P. 63 **E1**

SIN GUÍA
Antes de la pandemia los guías oficiales, y previa solicitud al Ayuntamiento, podían subir y acceder al interior de las puertas y de este flanco de muralla. Por el momento esto no es factible, pero sí que se puede cruzar libremente el patio de armas entre ambas puertas.

Origen

El origen árabe de esta puerta (932) que daba acceso al interior de la ciudad amurallada ofrece varias teorías acerca del significado de su nombre. Por un lado aquí se encontraba la entrada desde la comarca de La Sagra, entre Toledo y Madrid; la Bib Saqra (puerta de La Sagra) bien pudo derivar en puerta de Bisagra. Pero hay quien asegura que eran motivos más próximos a lo desértico de estos páramos los que hicieron que se denominaran Bib Sahara (puerta del Desierto).

Aspecto actual

Carlos V, tras nombrar a Toledo ciudad imperial, la remodeló a su antojo, siguiendo el estilo renacentista y buscando una simbólica muestra de su poder en cada rincón. Con un grandilocuente aspecto de arco triunfal romano, la puerta de Bisagra cuenta con un pétreo arco y dos grandes cubos que miran a la ciudad extramuros. En la parte central, sobre el arco, se asienta el escudo de la ciudad, con el águila bicéfala y el collar de la Orden del Toisón

de Oro. Sobre este, protegiendo la buenaventura de la ciudad, se yergue el Santo Ángel Custodio. Un amplio patio de armas (de acceso libre), donde se daba la bienvenida a las embajadas y se cobraba el portazgo a quienes venían a mercadear a la ciudad, se muestra solitario y silencioso, con la perenne presencia de Carlos V. Una nueva puerta hacia el sur (en la que se aprecian los restos musulmanes del s. x) y dos torres de 1575 con un tejadillo cerámico de color verdiblanco añadido en el s. xx cierran el acceso y dan paso a la ciudad, topándose con la considerada catedral del mudéjar toledano: la iglesia de Santiago del Arrabal (p. 58).

VISTAS ÚNICAS
Pese a que la puerta de Bisagra es visible desde gran parte de la ciudad elevada, una de las mejores panorámicas se obtiene a cierta distancia, desde los jardines de la mezquita del Cristo de la Luz.

★ IMPRESCINDIBLE

Iglesia de Santiago del Arrabal

Considerada por muchos como la catedral mudéjar de Toledo, merece la pena rodearla y detenerse en cada detalle de su exterior. Cada una de sus puertas es una auténtica obra de arte y, aunque el tráfico circundante la ha encajonado, la cantidad de detalles que ofrece consigue abstraer al visitante de la vorágine exterior.

PLANO: P. 63 **E1**

VISTAS ÚNICAS
Descendiendo desde la puerta del Cristo de la Luz hacia la muralla por la calle Real del Arrabal se acaba en la iglesia homónima, que se erige como la proa de un barco entre las puertas de Bisagra y de Alfonso VI.

Origen

El origen y la fecha de construcción de esta bella iglesia es incierto y, aunque todo apunta a un proyecto del rey Alfonso VI financiado por el monarca portugués Sancho el Capelo junto con la Orden de Santiago en el s. XIII, la torre exenta de Santiago del Arrabal hace también pensar en un alminar musulmán y en la existencia previa de una mezquita levantada aquí para abarcar a la población de este barrio.

Exterior

Pese a la aparente sencillez de su exterior en piedra y ladrillo, las tres naves cerradas con sus respectivos ábsides semicirculares son de una belleza que se imitó en muchas otras iglesias y palacios toledanos durante los siguientes siglos. La de Santiago del Arrabal es la iglesia mudéjar de mayor tamaño en toda la ciudad y también la más atractiva de todas ellas. En cada una de las tres puertas de entrada se evidencia la característica armonía geométrica presente en este estilo arquitectónico. La portada principal, ubicada a los pies de la iglesia, muestra un gran arco de herradura y un doble friso de arcos ciegos entrelazados.

Conocer su interior

Con un deslumbrante exterior, la parte interior, dividida en tres naves y con arcos apuntados, no consigue el mismo efecto (tampoco ayuda la escasa iluminación que tiene). Solo está abierta en horario previo y posterior a las misas. No obstante merece la pena dedicarle unos minutos al retablo plateresco, al artesonado de madera (decorado con varias inscripciones y dibujos geométricos) y al púlpito mudéjar del s. XIV de la nave central (con restos de policromía). Esta iglesia, que recibe y despide a cuantos viajeros deciden visitar Toledo, buscó inspiración en la gran mezquita cordobesa pero, a su vez, fue objeto de deseo e imitación en muchas otras iglesias de la ciudad.

Escanea este código QR para precios, horarios y demás.

★ IMPRESCINDIBLE

Iglesia de San Román

Único en la ciudad, este edificio de origen visigodo (con pilares que podrían haberse heredado de tiempos romanos) pasó de religión en religión transformándose en cada etapa de su vida. Supone una especie en extinción y un viaje en el tiempo gracias a sus pinturas murales, y deja boquiabierto a todo aquel que se adentra en este templo (hoy sin culto). Su interior es tan deslumbrante que eclipsa a su único inquilino, un recatado Museo de los Concilios y la Cultura Visigoda que, pese a la gran trascendencia de este pueblo nómada en la historia de España, no parece ser suficiente.

PLANO: P. 63 **D4**

VISITA IMPRESCINDIBLE
Ubicada a un paso de la iglesia de San Ildefonso y encajonada entre los muros exteriores de San Pedro Mártir, esta iglesia es una visita obligada en cualquier recorrido por la capital manchega. La entrada es gratuita y abre todos los días (excepto lu).

De construcción visigoda a museo

Son muchos los documentos y voces que aseguran que la iglesia de San Román fue levantada sobre una antigua edificación visigoda que, posteriormente se transformó en mezquita. Debido a que durante más de un siglo, y pese a estar bajo el dominio cristiano, las mezquitas toledanas se utilizaron como iglesias hasta ser derruidas a partir del s. XIII y pasar a tener un estilo propio del cristianismo, se cree que esta ya existía en el año 1125, aunque su aspecto actual correspondería a la reconstrucción de 1221 a cargo del arzobispo Rodrigo Jiménez de Rada. En 1968 la iglesia se desacralizó para pasar a acoger el **Museo de los Concilios y la Cultura Visigoda,** aunque gran parte de lo expuesto (y no es mucho) son réplicas. Las piezas originales de más valor, como el tesoro de Guarrazar (p. 136), se encuentran desperdigadas por museos dentro y fuera de España.

El interior mudéjar más bello de la ciudad

Con tres naves separadas por unos enormes arcos califales de herradura apoyados en unas pilastras de ladrillo a las que se adosan unas columnas de

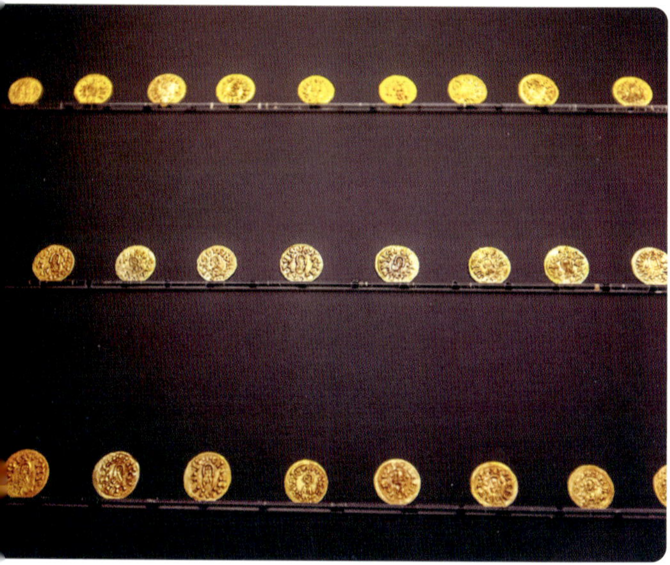

mármol, ambas heredadas del anterior edificio (de origen romano y visigodo), es uno de los templos mudéjares más antiguos, bellos y mejor conservados de toda la ciudad. Además de unas techumbres de madera, son de gran valor las pinturas murales descubiertas por casualidad a mediados del s. XX. Junto con las de la mezquita del Cristo de la Luz, son las únicas conservadas en Toledo y sirven al viajero para hacerse una idea de cómo se habrían decorado el resto de iglesias mudéjares. Se distinguen tres estilos: los **muros perimetrales** de la iglesia, con escenas del Juicio Final y los Cuatro Evangelistas, el **intradós de los arcos,** con imponentes imágenes de obispos y santos y, por último, la **parte alta de los muros centrales,** decorados en estilo mudéjar con formas geométricas y vegetales. Las **inscripciones cristianas en árabe** que se pueden ver en la zona de las ventanas de

Escanea este código QR para precios, horarios y demás.

EL MEJOR GUÍA
Una figura de Garcilaso de la Vega recuerda que, desde la plaza de San Román, el poeta dedicaba sonetos a San Pedro Mártir, a San Ildefonso y a la Casa de Mesa (temporalmente cerrada), lugares que merecen una visita si se cuenta con un poco de tiempo extra.

la parte alta de la nave central son la muestra de cómo el árabe se utilizó en Toledo hasta casi mediados del s. XIII (la ciudad fue conquistada por Alfonso VI en el año 1085).

Una torre con historia

La torre mudéjar de planta cuadrada con arcos de herradura, arquillos ciegos y ventanas fue supuestamente protagonista (además de gozar de grandes vistas) de la que fuera la proclamación como rey de Castilla de un Alfonso VIII adolescente (14 años). Se dice que, desde esta torre, el noble don Esteban Illán puso fin con esta coronación a los continuados desencuentros entre los Castro y los Lara, que lastraban el reino.

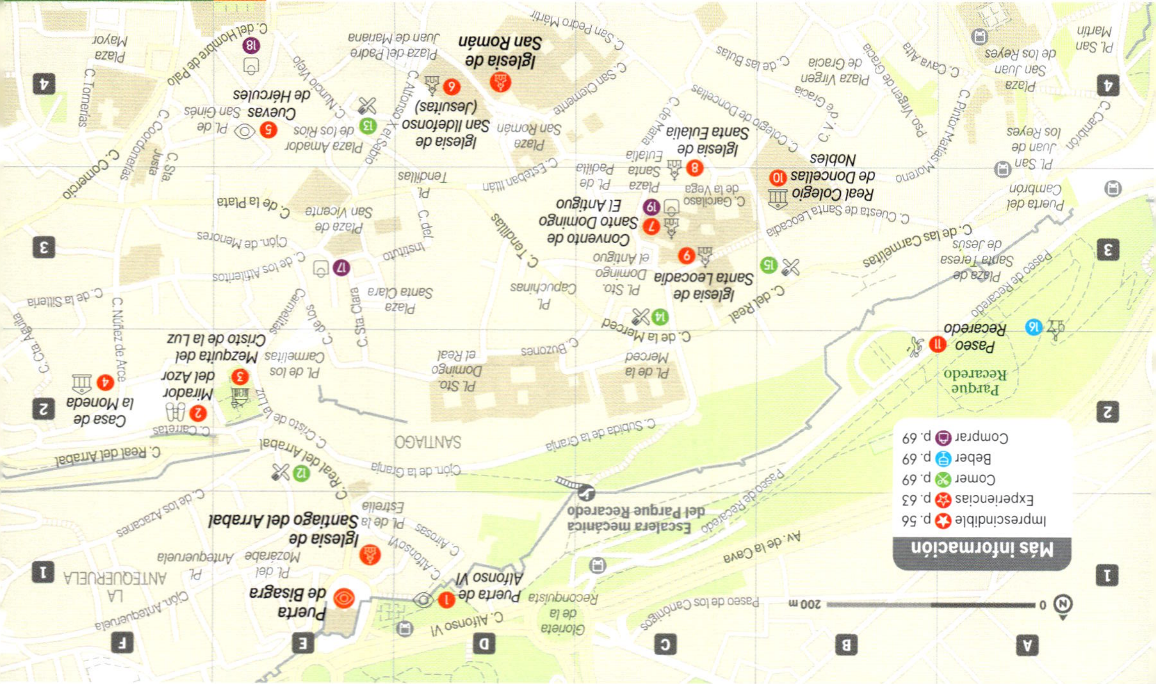
Más información
Imprescindible p. 56
Experiencias p. 63
Comer p. 69
Beber p. 69
Comprar p. 69
0
200 m
A
B
C
D
E
F
1
2
3
4
Puerta de Bisagra
Puerta de Alfonso VI
Iglesia de Santiago del Arrabal
Mirador del Azor
Mezquita del Cristo de la Luz
Casa de la Moneda
Cuevas de Hércules
Iglesia de San Ildefonso (Jesuitas)
Iglesia de San Román
Convento de Santo Domingo El Antiguo
Iglesia de Santa Leocadia
Iglesia de Santa Eulalia
Real Colegio de Doncellas Nobles
Paseo Recaredo
Parque Recaredo
Escalera mecánica del Parque Recaredo
LA ANTEQUERUELA
SANTIAGO
Glorieta de la Reconquista
Paseo de los Canónigos
Av. de la Cava
Paseo de Recaredo
C. Alfonso VI
C. Alfonso VI
C. Airosas
Pl. de la Estrella
Pl. del Mozárabe
Pl. Antequeruela
Cjón. Antequeruela
C. de los Azacanes
C. Real del Arrabal
C. Real del Arrabal
C. Carretas
C. Cristo de la Luz
Pl. de los Carmelitas
C. Núñez de Arce
C. Cta. Águila
C. de la Sillería
C. de los Carmelitas
C. Sta. Clara
Plaza Santa Clara
C. de los Alfileritos
Cjón. de Menores
C. de la Plata
Plaza de San Vicente
C. del Instituto
Pl. Tendillas
C. Comercio
C. Sta. Justa
C. Coordonerías
C. Tornerías
Plaza Mayor
Pl. de San Ginés
C. del Hombre de Palo
C. Nuncio Viejo
Plaza Amador de los Ríos
C. Alfonso X el Sabio
Plaza del Padre Juan de Mariana
C. San Pedro Mártir
C. San Clemente
Plaza San Román
C. Esteban Illán
C. Tendillas
Pl. Capuchinas
Pl. Sto. Domingo el Real
C. Buzones
Cjón. de la Granja
C. Subida de la Granja
Pl. de la Merced
C. de la Merced
C. del Real
Pl. Sto. Domingo el Antiguo
C. Garcilaso de la Vega
Plaza Santa Eulalia
Pl. de Padilla
C. de María
C. Colegio de Doncellas
C. Cuesta de Santa Leocadia
C. de las Carmelitas
Plaza de Santa Teresa de Jesús
Puerta del Cambrón
Pl. San Juan de los Reyes
C. Pintor Matías Moreno
Pso. Virgen de Gracia
C. V. de Gracia
Plaza Virgen de Gracia
C. de las Bulas
C. Cava Alta
Plaza San Juan de los Reyes
C. Cambrón
Pl. San Martín

EXPERIENCIAS

Atravesar la puerta de Alfonso VI

CIUDAD AMURALLADA

PLANO: 1 P. 63 **D1**

Si bien la puerta de Bisagra es el acceso más habitual (aunque, por desconocimiento, muchos viajeros la rodean en vez de atravesarla), muralla abajo por la calle Alfonso VI se encuentra la puerta homónima que, junto con la puerta del Vado (al noreste), cierra el trío de accesos que protegían la ciudad intramuros al norte. Levantada en época califal (s. x) con sillares de piedra del antiguo circo romano y reformada al estilo mudéjar tres siglos después con ladrillo y mampostería, un gran arco de herradura encuadrado y un detalle visigodo en la clave, además de una serie de elementos defensivos, conforman un conjunto de gran belleza para una puerta más usada por los vecinos que por los turistas. Atravesarla permite viajar en el tiempo, cuando el mecanismo del rastrillo se movía mediante poleas (no conservadas). Una serie de torreones próximos parecen custodiar esta zona de las llamadas murallas de la Vega (en estado de abandono y semienterradas hasta 1978).

Asomarse desde el mirador del Azor

PANORÁMICA

PLANO: 2 P. 63 **F2**

Muy próximo a las puertas de Alarcones, la del Sol y la del Cristo de la Luz, el mirador del Azor, que se encuentra algo escondido, es un antiguo torreón de la muralla a quien ha dado nombre esta ave rapaz. Para encontrarlo, desde el Miradero se debe ignorar a mano derecha la escultura del ciclista Federico M. Bahamontes y subir a mano izquierda por la calle Núñez de Arce (en sentido contrario al tráfico). Se bordea la capilla de San José, dejándola a mano izquierda y, al final de esta vía, se gira a mano derecha por el callejón de San José hasta que las vistas se abren de par en par. Una forma sencilla de encontrarlo es buscar el obrador MasaMadre (ubicado en este callejón), elegir un desayuno para llevar y disfrutarlo con las increíbles vistas que ofrece este lugar, las mejores del norte de la ciudad, con el Hospital de Tavera y la puerta de Bisagra al frente, la puerta del Sol a los pies y el río Tajo a mano derecha.

Conocer la leyenda del Cristo de la Luz

MEZQUITA

PLANO: 3 P. 63 **E2**

Una buena alternativa al mirador del Azor es la panorámica que ofrecen los jardines de esta **mezquita** *(www.toledomonumental.com; 4 € o acceso con la pulsera turística roja)*. Envuelta en misterios y leyendas, tiene un tamaño diminuto (su planta cuadrada tiene 7 m de lado) y, por desgracia, las pocas pero valiosas pinturas murales de estilo románico que tiene se encuentran en un lamentable estado de conservación.

Por otro lado, recientemente se han encontrado restos de una calzada romana que, quizá, se dirigía hacia Zocodover, donde estaría ubicado el foro romano. Bajo el ábside han aparecido restos del enterramiento de un obispo visigodo, y también en el subsuelo (dentro y fuera de la iglesia) se han hallado muestras de enterramientos cristianos. Todo ello afianza la teoría de que este solar fue ocupado por un monasterio visigodo, luego se levantó una mezquita y finalmente una iglesia cristiana. De hecho, durante mucho tiempo se creyó que no quedaban mezquitas en Toledo, hasta que en pleno s. XIX, tras una remodelación, se descubrió una inscripción en árabe que hablaba del levantamiento aquí de una mezquita en el año 730. En la actualidad es la única mezquita de estilo califal que se conserva en España (solo en Toledo pudo haber más de 15), junto con la Gran Mezquita de Córdoba.

El nombre de esta iglesia es una de las leyendas más repetidas en la ciudad por guías y vecinos. Se dice que los visigodos, replegándose con la entrada por el sur de los musulmanes, se fueron llevando cuantos tesoros e imágenes religiosas pudieron. El Cristo de esta iglesia debía ser demasiado grande o pesado como para transportarlo precipitadamente, así que lo escondieron tapiándolo detrás de una falsa pared y manteniendo junto a él una vela encendida que lo protegiera en su devenir. Cuatro siglos después, Alfonso VI entró triunfal en Toledo como rey de Castilla y al pasar por la puerta (del mismo nombre que esta mezquita), justo a la entrada del templo musulmán, su caballo se clavó en el suelo, arrodillándose y negándose a avanzar. Una luz que se colaba entre los muros animó al monarca a ordenar su demolición y, ¡sorpresa!, allí encontró esta figura

CON MÁS TIEMPO

De los cientos de conventos que un día llenaron el entramado urbano de Toledo apenas queda una muestra (y muchos de ellos están desocupados), pero aun así, el norte conventual arroja la sensación de estar inmerso en un convento de manera constante. Si se puede alargar la visita unos días más, merece la pena apreciar con calma el **convento de las Agustinas Gaitanas, el de las Capuchinas, el de las Carmelitas** y **el de Santa Clara,** con un bello patio y también una tienda de dulcería monacal imprescindible. Además, una extensión del viaje permitiría conocer la **capilla de San José,** el antiguo **edificio de Correos,** la **calle La Plata,** el edificio universitario de **San Pedro Mártir,** el **Centro Cultural Imperial-Monasterio de San Clemente,** la **Casa de Mesa,** el **palacio de Lorenzana** y las mansiones entorno a la plaza San Vicente.

del Cristo al que la luz seguía iluminando 400 años después.

Desde el s. XIX es Monumento Nacional y su exterior es una auténtica delicadeza, llena de detalles únicos como la inscripción con ladrillos de la fachada principal que delata la fecha de construcción, el nombre del arquitecto y el promotor. El ábside semicircular es románico de época cristiana aunque en estilo mudéjar (con ladrillo y arcos de herradura). Su interior cuenta con tres naves paralelas cruzadas por otras tres, formando nueve espacios minúsculos cubiertos cada uno por sendas bóvedas y apoyadas en cuatro columnas centrales.

Acercarse al patio de la Casa de la Moneda EDIFICIO HISTÓRICO

PLANO: 4 P. 63 **F2**

La calle Núñez de Arce era el Torno de las Carretas hasta el s. XVII. Conversos de gran poder económico levantaron aquí durante siglos diferentes mansiones como esta, que perteneció a los Cota y ahora alberga la sede del Consejo Consultivo de Castilla-La Mancha. Este lugar *(925 280 102)* también fue estafeta de correos, fábrica de espadas, obrador de mazapanes y hasta emisora de radio. Se ubica a un paso de la capilla de San José y, como era habitual, muestra un escudo en la fachada y esconde un bello patio gótico en su interior (quizás el más interesante de toda la ciudad). Sobre el salón de actos merece la pena alzar la vista y disfrutar del artesonado del s. XV existente.

Viajar al pasado en las Cuevas de Hércules TOLEDO ROMANO

PLANO: 5 P. 63 **E4**

En un espacio relativamente manejable tomando como punto de encuentro la plaza Amador de los Ríos se gestionan tres espacios del patrimonio desconocido de la ciudad: el **oratorio de San Felipe Neri,** las **termas romanas** y las **Cuevas de Hércules** *(www.consorciotoledo.com; gratis)*. Estas últimas suponen la parada más llamativa de las tres y aun así las leyendas y el misterio refuerzan el interés por un lugar que no dejaba de ser un depósito del sistema hidráulico de la ciudad en época romana (ss. I-II). Llaman la atención los grandes sillares de piedra, los arcos y el aplomo de esta obra de la ingeniería bajo tierra que, como tantas otras, adquirió el nombre de Hércules en búsqueda de magnificencia. El tiempo hizo que sobre las construcciones romanas se alzara una mezquita y, aprovechando lo ya hecho, se creara la iglesia de San Ginés.

Recorrer la iglesia de San Ildefonso (Jesuitas) IGLESIA Y PANORÁMICA

PLANO: 6 P. 63 **D4**

Abierta a diario, el **mirador de sus torres** (en firme competencia con las de la catedral o el Alcázar)

DARSE UN BAÑO ÁRABE

En plena subida hacia **Santa Eulalia** (p. 67) y ubicados en un lateral de la plaza homónima frente al bello edificio de la Escuela de Idiomas, los baños Medina Mudéjar (www.medinamudejar.com) ofrecen un viaje al pasado y una puesta a punto para empezar las visitas por el norte conventual llenos de energía. Además, cuentan con servicio de hotel y restaurante para disfrutar durante más tiempo de este edificio histórico.

ofrece la mejor panorámica de la ciudad si se consigue no desfallecer tras sus 131 escalones. Toledo se despliega 360° con sus laberínticas calles, sus geométricos patios abiertos y los tejados superpuestos. Las vistas alcanzan los principales monumentos y se pierden en la inmensidad del campo toledano. Sus sobrias torres de más de 50 m de altura custodian una portada barroca estructurada como si de un retablo se tratara. El interior *(www.toledomonumental.com; 4 € o acceso con la pulsera turística roja)*, inmaculado y muy amplio, aumenta esta sensación de espacio eterno con su única nave y las capillas laterales. Bajo la gigantesca cúpula, visible desde toda la ciudad extramuros, se da paso a un baldaquino ubicado en la capilla mayor, arropado por una serie de arquitecturas fingidas pintadas con la técnica del trampantojo.

Visitar el convento de Santo Domingo el Antiguo — CONVENTO

PLANO: 7 P. 63 C3

Asegura albergar las primeras pinturas de El Greco, encargo de don Diego de Castilla para este, el primer convento levantado en Toledo tras la llegada de Alfonso VI. Las **iglesias de Santa Eulalia** y **Santa Leocadia** parecen custodiar sin espacio para respirar este convento de clausura *(925 222 930; 3 €)* que, para disfrute de los más golosos, cuenta con una interesante tienda de pastas, mazapanes y licor de este dulce toledano. Frente a su entrada, una placa homenajea a Paco de Lucía, de quien se dice que salía cada atardecer a su balcón para enamorar con su guitarra.

Descubrir la iglesia de Santa Eulalia — IGLESIA

PLANO: 8 P. 63 C3

Junto al convento de Santo Domingo y en pendiente empedrada, se yergue la torre de la iglesia de Santa Eulalia *(925 258 530; gratis)*, fundada en el s. VI. Mantuvo los cultos cristianos durante los siglos de dominio árabe y hoy es uno de los templos en los que se puede asistir a un **rito hispano-mozárabe** (los domingos a las 11.00 o las 12.00). Responde al estilo mudéjar del s. XII y conserva la estructura visigoda original. Muy próximo está el que fuera Colegio Nacional

LAS MEJORES VISTAS

Si se tiene paciencia, desde el **mirador del Azor** (p. 64) y desde las torres de la **iglesia de San Ildefonso** (p. 66) se consiguen las mejores panorámicas del norte extramuros y del conjunto histórico intramuros, respectivamente.

de Santa Eulalia, actual **Escuela de Idiomas.**

Detenerse en la iglesia de Santa Leocadia

IGLESIA

PLANO: 9 P. 63 **C3**

Iglesia levantada en recuerdo a Leocadia en el lugar donde nació y vivió esta santa que fue martirizada de joven en el s. IV. Este templo católico *(925 222 391; gratis en horario de misa)* cuenta, pese a sus humildes dimensiones, con tres naves y tres ábsides en la cabecera. Data del s. XI, aunque su aspecto mudéjar actual responde a la remodelación sufrida en el s. XVI. Su interior es impoluto y, sobre la nave central, más alta que las laterales, se alza una bóveda de medio cañón con lunetos que permiten el paso de la luz.

Adentrarse en el Real Colegio de Doncellas Nobles

EDIFICIO HISTÓRICO

PLANO: 10 P. 63 **B3**

Aunque se trata de un añadido del s. XX, un pasadizo volado de hierro fundido supone la imagen más reconocible de este lugar *(www.toledomonumental.com; 4 € o acceso con la pulsera turística roja)* donde se educaba (desde el s. XVI) a las jóvenes doncellas que serían más tarde madres de familia cristiana. Del interior de su iglesia destacan los adornos barrocos, el retablo mayor y un impecable sepulcro del fundador del colegio, el cardenal Silíceo.

Seguir el paseo de Recaredo

CIUDAD AMURALLADA

PLANO: 11 P. 63 **A2**

Desde la glorieta de la Reconquista, el paseo de Recaredo regala un recorrido junto a este lienzo norte de la muralla toledana, especialmente llamativo al iluminarse por la noche. Este trayecto ofrece una perspectiva única de la ciudad, y concatena las puertas de Alfonso VI y del Cambrón. En lo alto, despuntan por detrás de la muralla el edificio de la Diputación Provincial y el de Santo Domingo el Real.

Lo mejor para...

€ Económico €€ Medio €€€ Alto

Localizaciones en el plano de la **p. 63**

Comer

Menú del día

Restaurante El Tirador €
12 E2
En pendiente desde la puerta del Sol o desde la de Valmardón, ofrece menú del día (infantil y adultos) a precios competitivos. *8.30-16.00; 925 229 300*

Crepería

La Francesa €
13 E4
Propone menús a base de creps dulces y saladas, y una amplia carta de desayunos y meriendas, con propuestas para celíacos, vegetarianos y veganos. *9.00-16.00 jun-ago mi-do y 10.00-20.00 sep-may mi-do; www.lafrancesa-creperie.com*

Taberna

Embrujo €
14 C3
Desde Santa Leocadia, esta taberna es perfecta para probar unas carcamusas, una ensalada de perdiz, cecina o croquetas de ciervo. *11.00-16.00 y 19.30-24.00 lu-sa; www.tabernaembrujo.com*

El Rus €/€€
15 B3
Entre la judería y el norte conventual, sirven raciones variadas, huevos rotos con picadillo, carcamusas, caracoles y albóndigas. *7.30-17.00 lu-vi, 20.00-24.00 vi y sa, 12.30-17.00 sa y do; 925 227 253*

Beber

Terraza-restaurante

Recaredo €/€€
16 A3
A los pies de la muralla, el atardecer en su terraza invita a probar cócteles, granizados o batidos. Además, sirve *pizzas*, hamburguesas de ciervo o champiñones con espinacas, ensaladas, carrillera, mollejas de cordero y opciones veganas. *19.00-2.00 lu-ju, 13.00-4.00 vi y sa y 13.00-2.00 do; www.restauranterecaredo.es*

Comprar

Espadas y navajas

Espadería Mariano Zamorano
17 E3
Desde 1951, forjan todo tipo de armas con diseños que van desde los tiempos prerrománicos hasta el s. XVII. *9.00-14.00 y 16.30-19.00 lu, ma, ju y vi, 9.00-14.00 mi, 10.30-14.00 sa; www.marianozamorano.com*

Regalos y artesanía

Juvi
18 C3
Regalos, ajedreces, espadas, figuritas, artículos de joyería, damasquinado y elementos religiosos. *10.00-20.00; 628 209 831*

Dulces monacales

Convento de Santo Domingo El Antiguo
19 C3
Vende mazapanes, licor con sabor a los citados dulces y pastas variadas. *10.00-21.00; www.lostesorosdelconvento.com*

★ MERECE LA PENA

La Toledo más dulce

En Navidad nunca falta un dulce que enloquece a los más golosos y que, en Toledo, su cuna, se elabora artesanalmente y durante todo el año desde hace siglos: el mazapán. A este producto con Denominación de Origen se le suman los ya sabidos manjares monjiles. Acercarse al torno de un convento para comprarlos o hacerlo en alguna de sus tiendas es un camino de perdición.

INICIO	FINAL	DURACIÓN
Convento de Santo Domingo el Antiguo	Confitería Santo Tomé	2 km; 2-4 h

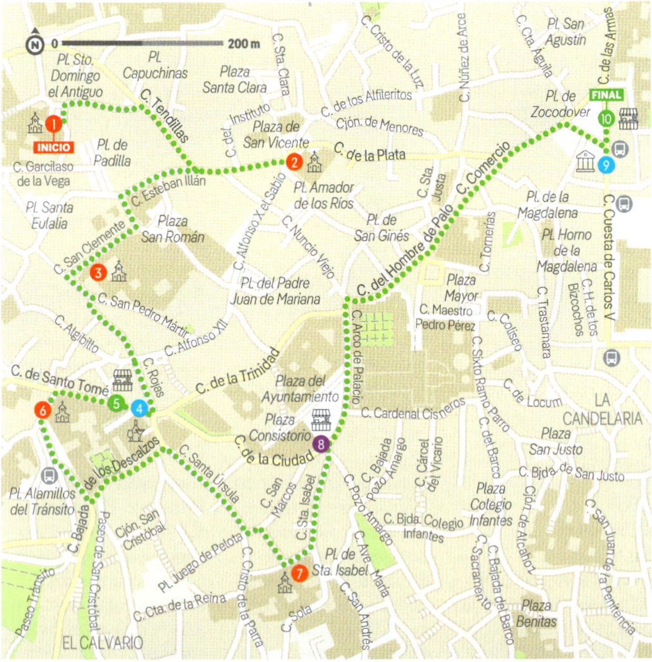

1 Convento de Santo Domingo el Antiguo

El pintor más famoso de la ciudad, El Greco, recibió de este convento (p. 67), el más antiguo de Toledo, sus primeros encargos. Aquí quiso ser enterrado y aún conserva tres obras originales y los contratos. Durante la visita o en su despacho de venta, pueden adquirirse pastas de té y castañitas de mazapán cubiertas de chocolate.

2 Convento de las Agustinas Gaitanas

En pleno centro, las monjas del convento de La Concepción (p. 65) venden mazapanes artesanales y delicias variadas.

3 Imperial Monasterio de San Clemente

El mudéjar, el barroco y otros estilos se han fusionado mágicamente en este milenario monasterio (en restauración en el momento de redactar esta guía). Elaboran y venden dulces y mazapanes.

4 El Café de las Monjas

Poco tiene que ver esta cafetería con un convento pero, en plena judería, es un lugar agradable para recuperar fuerzas y perderse entre sus dulces.

5 Obrador de mazapán Santo Tomé

La confitería Santo Tomé (p. 96) alberga en la calle homónima un punto de venta y también su legendario obrador, donde elaboran semanalmente desde 1856, sin ningún aditivo, mazapanes toledanos.

6 Convento de San Antonio de Padua

Su bello patio (p. 94) es solo visitable durante la semana del Corpus Christi o en grupos con reserva previa. Para lo que no hace falta cita es para hacerse con los corazones, cocadas o bombones de mazapán bañados en chocolate crujiente que venden.

7 Convento de Santa Isabel de los Reyes

El patio de la enfermería (p. 112) es uno de los más bellos de la ciudad, con delicadas yeserías nazaríes. Además de jabones con aceites esenciales no faltan las pastas dulces, los "abanicos" y los "cachitos".

8 Mazapanes del Convento

Próxima al ayuntamiento, esta tienda (p. 113) de las carmelitas vende rosarios, inciensos, ungüentos, mermeladas, mieles y dulces de varios conventos.

9 El Foro de Toledo

En la esquina sureste de la plaza Zocodover, en subida hacia el Museo del Ejército y el Alcázar, se encuentra este bicentenario establecimiento de elaboración y venta de mazapanes.

10 Confitería Santo Tomé

La más reconocida de las confiterías (p. 96) que venden mazapán en la ciudad se encuentra en la plaza Zocodover, junto al Arco de la Sangre, un lugar perfecto para despedir este itinerario con princesitas, delicias de mazapán y figuritas de todos los tipos, para tomar, llevar o regalar.

★ MERECE LA PENA

Las huellas del mudéjar

Toda la ciudad está impregnada de la herencia mudéjar. Durante casi cinco siglos se desarrolló un estilo que aunaba elementos cristianos (en especial las pinturas románicas murales) con las estructuras, elementos decorativos y materiales musulmanes. El ladrillo, la madera y el yeso conforman una ciudad plena de cultura mudéjar, tanto en iglesias y mezquitas, como en baños, museos, monasterios, puertas, sinagogas y viviendas.

INICIO	FINAL	DURACIÓN
Puerta de Alfonso VI	Monasterio de San Juan de los Reyes	2,5 km; 2-3 días

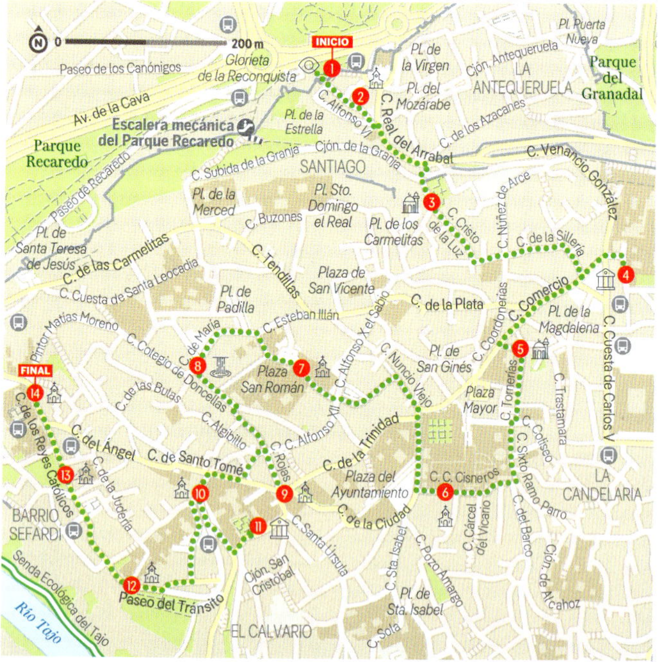

1 Puerta de Alfonso VI

Reformada en el s. XIII, su fachada de ladrillo y el predominante estilo califal dan la bienvenida a la ciudad.

2 Iglesia de Santiago del Arrabal

Está considerada la catedral del mudéjar (p. 58). Su exterior es de visita obligada.

3 Mezquita y museo

La única mezquita de estilo califal en Toledo, la mezquita del Cristo de la Luz (p. 64), del s. X, es una joya bien conservada. Para más piezas únicas, unos pasos más adelante, el 4 **Museo de Santa Cruz** (p. 43) tiene toda una colección en su Espacio Mudéjar del s. X.

5 Mezquita de las Tornerías

Emplazada en el antiguo barrio comercial de la medina, aunque no se podía visitar al cierre de esta guía, está previsto que reabra en el 2025.

6 Catedral primada

De diminutas proporciones, merece la pena visitar la capilla mozárabe, además del resto del monumento (p. 104).

7 Iglesia de San Román

Las pinturas murales de su interior (p. 60) y los grandes arcos de herradura de su nave central la convierten en la gran joya del itinerario.

8 Baños Medina Mudéjar

Estos baños (p. 67) ofrecen un viaje en el tiempo y un descanso necesario para proseguir con el itinerario.

9 Iglesia de El Salvador

Incluida en la pulsera turística, la entrada a esta antigua mezquita (p. 93) apenas robará un par de minutos.

10 Iglesia de Santo Tomé

La torre mudéjar de esta iglesia (p. 93) es visible desde toda la judería. Un poco más lejos, merece la pena visitar el 11 **Museo Taller del Moro,** su interior es un deleite para los sentidos.

12 Sinagoga del Tránsito

Esta bella sinagoga (p. 82) fue mandada construir por el tesorero de Pedro I de Castilla. Si las yeserías dejan ya sin palabras, el artesonado mudéjar que cubre toda la sala de oración es único.

13 Sinagoga de Santa María La Blanca

Hipnótica, no parece una sinagoga sino más bien una mezquita; en ella conviven diferentes estilos artísticos fascinantes (p. 85).

14 Monasterio de San Juan de los Reyes

Este magno monasterio (p. 78) despide esta ruta por el mudéjar con la techumbre policromada de la planta superior de su claustro.

Sugerencias de lugares para comer, beber y comprar en **p. 96**

Explora
La judería

Las tres religiones que mayor legado cultural dejaron a su paso por España se funden en la judería toledana con una naturalidad pasmosa. Desde el puente de San Martín o la puerta del Cambrón, todos los pasos se dirigen en ascenso por la calle de los Reyes Católicos y la calle del Ángel en un despliegue de arte, historia y misticismo que no tiene comparación. El Museo del Greco habla de la obra del pintor griego desde la casa-palacio del que fuera tesorero del rey Pedro I de Castilla (Samuel Ha-Leví), quien mandó construir la sinagoga del Tránsito. Esta, junto con la de Santa María la Blanca, suponen el último testimonio arquitectónico vivo de la comunidad hebrea en la capital manchega.

Cómo llegar y desplazarse

A pie

Al noroeste, por el paseo de Recaredo, la **puerta del Cambrón** da acceso a la judería. Una serie de inscripciones, placas de bronce con la palabra Sefarad, tres tipos de azulejos cuadrados de pequeño tamaño en tonos blancos y azules: el símbolo de la red de juderías de España formando un mapa de la península ibérica, la palabra *jai* (vida en hebreo) y el símbolo de la *menorá*. Los tres marcan los límites de la judería toledana y la ubicación de los principales monumentos.

En pendiente ascendente pero de gran belleza es la entrada que ofrece el **puente de San Martín,** al suroeste de la ciudad.

Lo mejor es caminar para descubrir este barrio ya que intentar circular en coche por la ciudad intramuros desespera a cualquiera.

Detalles de la sinagoga del Tránsito (p. 82).

★

LO MEJOR

Admirar la arquitectura del **MONASTERIO DE SAN JUAN DE LOS REYES** (p. 78).

Sorprenderse ante los detalles mudéjares de la **SINAGOGA DEL TRÁNSITO** (p. 82).

Quedarse sin palabras ante la **SINAGOGA DE SANTA MARÍA LA BLANCA** (p. 85)

Descansar en los **JARDINES DEL TRÁNSITO** (p. 91).

CIRCUITO A PIE

Explorar la judería toledana

No hay ningún lugar en todo el conjunto histórico que atraiga a más viajeros en su visita a Toledo. Bécquer creyó enamorarse de una desconocida en esta judería y El Greco pintó aquí algunas de sus grandes obras. Muchos de los monumentos de Toledo esperan ser descubiertos en un recorrido sencillo, pero siempre en pendiente.

INICIO	FINAL	DURACIÓN
Puente de San Martín	Calle del Ángel	2,5 km; 5-7 h

1 Puente de San Martín
Se empieza la ruta cruzando este magno puente (p. 88) envuelto en leyendas que despide al Tajo en su último abrazo a la ciudad y asomándose al **mirador** homónimo desde el final del **paseo de Recaredo.**

2 Puerta del Cambrón
Se sigue extramuros el paseo de Recaredo, se cruza la puerta del Cambrón (p. 88) y se observa la **basílica de Santa Leocadia** desde el **torreón de los Abades.**

3 Plaza de San Juan de los Reyes
Hay que comprar auténtica **artesanía toledana** en las tiendas y talleres de damasquinado y cerámica entre el **palacio de la Cava** y el monasterio.

4 Monasterio de San Juan de los Reyes
Se puede dedicar media jornada a este monasterio (p. 73), envuelto en un halo de historia, detalles arquitectónicos y belleza ilimitada.

5 Sinagoga de Santa María La Blanca
Se admira el inmaculado interior de esta sinagoga (p. 85) cuyo aspecto responde a técnicas almohades y más adelante se contempla el **Tajo,** asomándose desde el mirador junto al **Museo Victorio Macho.**

6 Sinagoga del Tránsito
Uno se maravilla con cada detalle de este lugar hipnótico (p. 82) que permite profundizar en la historia del pueblo judío en su **Museo Sefardí.**

7 Museo del Greco
Se descansa en los **jardines del Tránsito,** observando el **Tajo** desde su barandilla abalconada, y se visita la **casa-palacio de Samuel Ha-Leví** (p. 91), tesorero del rey de Castilla, con obras maestras de El Greco y sus discípulos.

8 Palacio de Fuensalida
La ascendente travesía de los Descalzos premia el esfuerzo con un edificio palaciego cuyo patio deslumbra (p. 92).

9 Iglesia de Santo Tomé
Hay que hacer una parada para contemplar *El entierro del señor de Orgaz,* una de las obras más insignes de **El Greco** (p. 93).

10 Calle de Santo Tomé
Se bordea la torre de Santo Tomé para entrar de lleno a la calle homónima, donde el ambiente gastronómico invita a probar unos **mazapanes,** comprar algún recuerdo o alargar el camino hasta **El Salvador.**

11 Encantos mudéjares
Para terminar, se disfruta de la belleza y luminosidad del **Museo Taller del Moro** (p. 94). Este palacio mudéjar era anteriormente un antiguo taller de cantería. Deshaciendo los pasos, hay que dirigirse a la 12 **calle del Ángel** (p. 95) para tomar algo y descansar, entre baños árabes, cobertizos y callejones.

★ IMPRESCINDIBLE

Monasterio de San Juan de los Reyes

A un paso del puente de San Martín y bordeado por plazas y calles que toman su nombre o el de sus promotores (los Reyes Católicos), este monasterio fue concebido como sepulcro para dichos monarcas y, como tal, sorprende por su magnitud y la cantidad de símbolos que lo embellecen. Es el mejor punto de partida para una visita a la judería toledana, aunque se encuentra fuera de la ya inexistente muralla que delimitaba el barrio judío.

PLANO: P. 87 **C2**

ITINERARIO COMPLETO
La visita interior comienza por el claustro bajo para introducirse en su iglesia y en la antigua sacristía. Subiendo unas escaleras se llega al claustro alto, con acceso a un balcón y a la Tribuna Real.

La mayor obra arquitectónica de los Reyes Católicos

Obra de Juan Guas, este magno edificio (1504) supone todo un alarde de poder, riqueza y simbología en torno a los Reyes Católicos, sus impulsores. Buscaba ser un homenaje a la victoria en Toro de Isabel frente a Juana la Beltraneja (1476), coronándose la primera como reina de Castilla y, también, un panteón. Este último deseo no llegó a culminarse debido a la desaprobación del clero ante un nuevo cabildo y a que los monarcas prefirieron ser enterrados en Granada, la última de las conquistas que llevaron a la expulsión definitiva, más de siglo y medio después, de los musulmanes. Durante siglos fue el mayor de muchos de los edificios levantados por los Reyes Católicos, pero con la invasión napoleónica y su uso como cárcel y cuartel, se quemaron su biblioteca (con una ingente colección de manuscritos y códices), muchas de las obras de arte de su interior y gran parte de un segundo claustro. Lo que no ardió fue saqueado por las tropas francesas en su retirada.

Exterior

De gran magnitud, destaca la decoración con **pináculos góticos** de esta iglesia funeraria, simulando un ataúd rodeado de ardientes cirios, como era costumbre en los funerales de esa época. Desde el palacio de la Cava se alcanza una panorámica exterior en la que sorprenden las numerosas **cadenas** que cuelgan de su fachada y que simbolizan, a modo de homenaje y agradecimiento, los grilletes de los cristianos presos en las mazmorras de Granada hasta la toma de Ronda por parte de los Reyes Católicos. Por lo demás, el exterior del templo, cuyo estilo gótico flamígero ya había sido utilizado en la catedral toledana, se muestra sobrio, altivo y con una única nave y un cimborrio sobre el crucero que no llegó a ser tan magno como se pretendía inicialmente.

Escanea este código QR para precios, horarios y demás.

INFORMACIÓN PRÁCTICA

Comparte horarios y precios con los otros monumentos de la **pulsera turística** (lu-do 10.00-18.45; 4 €). También se puede acceder con la pulsera turística roja que tiene un importe total de 12 € y se puede adquirir en cualquiera de los siete monumentos participantes.

Interior

Perderse en su interior supone un viaje apasionante por uno de los monumentos imprescindibles de Toledo pese a haber sido levantado en apenas 35 años. Así como el resto de la ciudad es profusa en yeserías y estucados, el interior del monasterio de San Juan de los Reyes goza de muchas decoraciones de gran finura en piedra, con especial presencia del águila que simboliza a san Juan (patrón de Isabel, así como el nombre de su padre y su hijo; su hija era Juana, apodada injustamente "la Loca"). La **iglesia** tiene varias capillas laterales, el coro a los pies y, junto al altar mayor, el lugar en el que iban a reposar los cuerpos de Isabel y Fernando. La cúpula estrellada sobre el presbiterio tiene forma de corona y, junto con una ingente cantidad de escudos de armas soportados por águilas tenantes, simboliza el poder de los monarcas. Se suceden en este desfile heráldico los reinos de Castilla, León, Aragón, Nápoles y Sicilia. El retablo no es el original –que fue quemado por los franceses–, sino uno que originalmente perteneció al Hospital de Santa Cruz (p. 44).

En el **claustro** se acumulan los motivos vegetales y fantásticos. Las gárgolas adoptan forma de águilas (san Juan) y leones (justicia) además de otros animales relacionados simbólicamente con la pureza, el mal, el vicio sexual y la fidelidad. Una **escalera** renacentista de Alonso de Covarrubias da acceso a la **galería alta,** donde continúan las gárgolas y se funde lo musulmán y lo cristiano. Aquí la vista se pierde entre artesonados mudéjares (con una repetición incesante de las iniciales de Isabel y Fernando, los yugos, las flechas y el escudo de Granada), arcos mixtilíneos en piedra en los que figura el "tanto monta" frente al "monta tanto", y unos leones pétreos que sujetan los escudos de los reinos de Castilla, León, Aragón, Dos Sicilias, Granada, Navarra, Toledo, Galicia y un largo etcétera.

La simbología heráldica

La simbología en los escudos de Toledo, con sus águilas, yugos y flechas, es originaria de la mitología griega y el Imperio romano, y no tienen nada que ver con la apropiación que de ellas hizo el régimen franquista y los falangistas. El águila bicéfala representaba a los imperios de oriente y de occidente y fue profusamente utilizada por emperadores y dictadores, creyéndose sucesores de aquellos emperadores romanos. Por su parte, el yugo, las flechas y el nudo gordiano desatado tienen su raíz en la mitología griega. Antes de ser rey, Frigio Gordio le ofreció a Zeus su carro, su lanza y el yugo de sus bueyes. Ató todo con una cuerda y su nudo se decía que era imposible de desatar pero que, si alguien lo conseguía, sería el amo del mundo. Alejandro Magno se topó con este reto, al que no le dio importancia, cortando la cuerda con su espada y pronunciando la frase de "tanto monta" que los Reyes Católicos extenderían a "tanto monta, monta tanto" (expresando que ninguno de los dos prevalecía sobre el otro) y la cultura popular alargó a "tanto monta, monta tanto, Isabel como Fernando". Aquellos iconos fueron utilizados por Antonio de Nebrija ante la petición de Isabel y Fernando de un emblema que simbolizara su unión y la de sus reinos. En un afán de hacer un paralelismo con las grandes civilizaciones clásicas, el yugo era, desde la *Eneida,* muestra de trabajo y sumisión (además de iniciarse por la Y, de Ysabel en castellano antiguo), y las flechas, emblema de Isabel (con la F de Fernando), en un homenaje recíproco de iniciales cruzadas.

★ IMPRESCINDIBLE

Sinagoga del Tránsito

Alberga el Museo Sefardí y la decoración de su interior es profusa en detalles pese a la sencillez de su sala de oración. Su valor histórico -es una de las dos únicas sinagogas de época medieval que han sobrevivido en la ciudad- la convierte en uno de los monumentos imprescindibles de Toledo. Se cree que fue el oratorio privado de Samuel Ha-Leví, dada a la prohibición existente de levantar estos templos en el momento de su construcción, lo que demuestra las influencias políticas y el poder económico de Leví, tesorero del rey Pedro I de Castilla, diplomático y oidor de la Audiencia.

PLANO: P. 87 **D4**

INFORMACIÓN PRÁCTICA
Se puede visitar de forma aislada (3 €) o comprando una entrada conjunta con el Museo del Greco (5 €). Los sábados (a partir de las 14.00) y los domingos el acceso es gratuito.

El capricho del tesorero del rey

Se desconoce el autor de esta sinagoga levantada en un momento de gran conflicto entre las comunidades judía y cristiana pero tampoco se descarta que pudieran ser artesanos musulmanes llegados desde Granada. Pese a la prohibición de construir sinagogas, el rey Pedro I no pudo ignorar el deseo de su tesorero, asesor y amigo, Samuel Ha-Leví (promotor de la ayuda que los judíos toledanos dieron a Pedro I para expulsar de Toledo a su hermano, aspirante al trono). El resultado fue un lujoso edificio de grandes dimensiones, lleno de detalles y que aúna las tres religiones (judía, musulmana y cristiana).

De sinagoga a iglesia

De las 12 sinagogas existentes en Toledo solo dos (esta y la de La Blanca) sobrevivieron al expolio y ataques cristianos que tuvieron lugar desde finales del s. XIV hasta la expulsión de los judíos por orden de los Reyes Católicos (1492). La sinagoga de Samuel Ha-Leví supone la más delicada y exquisita muestra de arte mudéjar toledano en la ciudad dentro de la judería. Fue levantada en el s. XIV y mantuvo el culto hasta 1492, año en el que fue convertida en iglesia cristiana. En el s. XVI vivió una reforma, y la colocación de un cuadro que representaba la Asunción de la Virgen a los Cielos pero que los vecinos tuvieron preferencia por llamar *El Tránsito de la Virgen*, lo que dio nombre a la iglesia. La llegada de Napoleón se sumó a una serie de desamortizaciones durante el s. XIX, llevando al templo al abandono. En 1877 fue adquirida por el Estado y se catalogó como Monumento Nacional (además de bautizarse como sinagoga del Tránsito).

Descubrir cada detalle

La sala de oración es diáfana pero está llena de secretos, leyendas y detalles. En dirección a Jerusalén, el muro principal alojaría los textos sagrados en el conocido como *hejal*. Merece un repaso con calma para apreciar los colores originales y los diferentes niveles de profundidad de las decoraciones. Desde este lugar se celebraban los servicios y, de hecho, a finales del s. XIX, al retirar un altar que ocultaba el suelo, se revelaron una serie de restos cerámicos con geometrías que, por su extensión, cubrirían en sus tiempos como sinagoga la sala de oración, a modo de alfombra. Un balcón en el muro derecho servía para que las mujeres siguieran el culto separadas de los hombres y también para las reuniones de la comunidad judía. Aprovechándose de su habilidad con el yeso, los musulmanes recubrieron los muros interiores con yeserías en las que se aprecian todo tipo de motivos naturales, dibujos geométricos, escudos heráldicos, arcos de herradura y polilobulados, inscripciones en hebreo con textos sagrados judíos, exaltaciones y agradecimientos al monarca bajo los escudos del rey de Castilla y, sorpresa, bajo la armadura de madera, en una cenefa que aparenta simple decoración, una inscripción en árabe que reza por Alá y Mahoma,

A UN PASO
En el corazón de la judería y a un paso de la sinagoga, se encuentran los **jardines del Tránsito** (uno de los mejores remansos de paz de la ciudad), donde los precios del terraceo se multiplican y también los motivos para descansar asomados al Tajo. Frente al **Museo del Greco** está el busto en honor a **Samuel Ha-Leví,** tesorero del rey Pedro I de Castilla.

su profeta. Solo la notable convivencia de las tres religiones podría explicar la existencia de una sinagoga en tiempos de conflictos continuados entre judíos y cristianos, decorada al estilo mudéjar, con culto judío e inscripciones en árabe sobre Alá.

Escanea este código QR para precios, horarios y demás.

Museo Sefardí

Creado a mediados del s. XX, la sinagoga alberga este museo que propone un recorrido por la historia de la expansión y éxodos de la comunidad sefardí, con una serie de objetos como un manto o *tallit*, un cuerno o *sofar*, una *mezuzá*, un candelabro de siete brazos (símbolo por antonomasia), un *Talmud* o libro de leyes, dos *Toráh* y, en el Jardín de la Memoria (patio norte), una serie de lápidas sepulcrales judías de la Edad Media.

★ IMPRESCINDIBLE

Sinagoga de Santa María La Blanca

Su estructura de mezquita, el empleo de técnicas almohades en su construcción y decoración y su vida como sinagoga, iglesia cristiana, beaterio de mujeres 'descarriadas', alojamiento de tropas y almacén la convierten en un monumento único cuya belleza reside en el interior. Tras cruzar la puerta de entrada, uno se queda sin palabras ante la hipnótica estampa. Su origen y la razón por la que una sinagoga judía fue levantada con técnicas propias del norte de África apuntan con incertidumbre hacia Al-Ándalus.

PLANO: P. 87 **C3**

Sinagoga Mayor

Fue una de las muchas sinagogas judías que hubo en Toledo. Construida entre finales del s. XII y principios del s. XIII, nunca se ha llegado a conocer con certeza la fecha, tampoco su promotor ni la razón por la que la sinagoga de Ibn Salomón (nombre original), que nunca fue mezquita, tenía aspecto de tal debido al empleo omnipresente de técnicas almohades (propias de tribus marroquíes) en su construcción. De gran belleza, su inmaculado interior presenta, bajo un artesonado de madera, un templo de cinco naves en las que no aparece ninguna inscripción hebrea. El conjunto de arcos de herradura (muy cerrados) que separan las naves se asienta sobre columnas octogonales de piedra pintada de blanco con capiteles de yeso en los que se representan piñas (símbolo de abundancia). Sobre estos arcos hay una serie de fajas decoradas con yeserías en las que abundan los motivos vegetales y geométricos. Y sobre estas, en un recorrido ascendente que no parece tener fin, una serie de arcos ciegos apoyados sobre sendos arcos elevan la altura de la nave central. Al fondo se encuentra el que sería el muro principal (al este), donde se encon-

CONOCER SU INTERIOR

Es una de las joyas incluidas en la pulsera turística (4 € o acceso con la pulsera turística roja, de 12 €). Es mejor evitar las horas centrales del día para sortear a los grupos de turistas con guía.

traría el *hejal* (un armario o recámara de pequeño tamaño donde estarían los Rollos de la Ley).

Escanea este código QR para precios, horarios y demás.

El nombre de Santa María La Blanca

Tras 140 años funcionando como sinagoga, en 1391 tuvo lugar el primer ataque cristiano contra la judería toledana (la llegada del monje Vicente Ferrer y el asesinato del rey de Castilla Pedro I, fueron los desencadenantes). Muchos judíos fueron asesinados o convertidos al cristianismo por la fuerza y las sinagogas desaparecieron o fueron saqueadas junto con el resto de la judería, aunque esta se salvó del olvido, pasando a ser iglesia y adquirir el nombre de Santa María La Blanca (por el color de sus muros). La invasión napoleónica trajo como consecuencia el empleo de este lugar como alojamiento de tropas. También fue almacén militar y, en 1850 pasó a manos de la Comisión de Monumentos para posteriormente ser catalogada como Monumento Nacional.

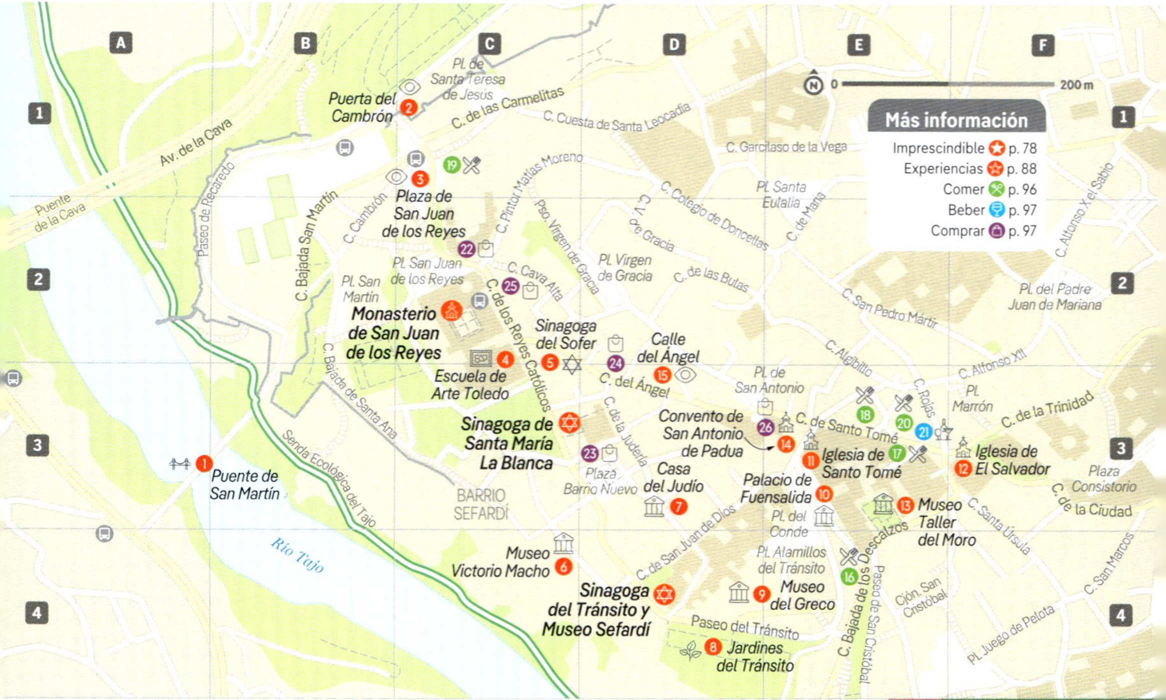
Más información
Imprescindible p. 78
Experiencias p. 88
Comer p. 96
Beber p. 97
Comprar p. 97
0 200 m
A B C D E F
1 2 3 4
1 Puente de San Martín
2 Puerta del Cambrón
3 Plaza de San Juan de los Reyes
Monasterio de San Juan de los Reyes
4 Escuela de Arte Toledo
5 Sinagoga del Sofer
Sinagoga de Santa María La Blanca
6 Museo Victorio Macho
Sinagoga del Tránsito y Museo Sefardí
7 Casa del Judío
8 Jardines del Tránsito
9 Museo del Greco
10 Palacio de Fuensalida
11 Iglesia de Santo Tomé
12 Iglesia de El Salvador
13 Museo Taller del Moro
14 Convento de San Antonio de Padua
15 Calle del Ángel
16
17
18
19
20
21
22
23
24
25
26
Pl. de Santa Teresa de Jesús
C. de las Carmelitas
C. Cuesta de Santa Leocadia
C. Garcilaso de la Vega
Av. de la Cava
Puente de la Cava
Paseo de Recaredo
C. Bajada San Martín
C. Cambrón
C. Pintor Matías Moreno
Pso. Virgen de Gracia
C. V. de Gracia
C. Colegio de Doncellas
Pl. Santa Eulalia
C. de María
C. Alfonso X el Sabio
Pl. San Juan de los Reyes
Pl. San Martín
C. Cava Alta
C. de los Reyes Católicos
Pl. Virgen de Gracia
C. de las Bulas
C. San Pedro Mártir
Pl. del Padre Juan de Mariana
C. Bajada de Santa Ana
C. del Ángel
C. de la Judería
Pl. de San Antonio
C. Algibillo
C. Alfonso XII
C. Rojas
Pl. Marrón
C. de la Trinidad
C. de Santo Tomé
Senda Ecológica del Tajo
BARRIO SEFARDÍ
Plaza Barrio Nuevo
Río Tajo
Pl. del Conde
C. de San Juan de Dios
Pl. Alamillos del Tránsito
C. Bajada de los Descalzos
Paseo de San Cristóbal
Paseo del Tránsito
Cjón. San Cristóbal
C. Santa Úrsula
Plaza Consistorio
C. de la Ciudad
C. San Marcos
Pl. Juego de Pelota

EXPERIENCIAS

Cruzar el puente de San Martín

CIUDAD AMURALLADA

PLANO: 1 P. 87 **A3**

Cierra, desde el extremo suroccidental de la ciudad amurallada, el camino del Tajo a su paso por Toledo. Desde aquí continúa el camino de este gran río hacia Portugal, pasando por Talavera de la Reina (p. 132) y Puente del Arzobispo (p. 134). Fue mandado construir en el s. XIV por don Pedro Tenorio, arzobispo de Toledo, el mismo que levantó el puente que daría nombre al citado municipio de Puente del Arzobispo, 80 km al oeste. Sus 40 m de anchura, a casi 27 m de altura sobre el río, y sus cinco arcos apuntados (con un llamativo ojo central) y dos tajamares fueron los testigos del paso de mercancías desde los Montes de Toledo en la Edad Media (bajo pago de pontazgo). Hoy, entre sus dos torreones, esta aventurada obra de ingeniería ve pasar cada día a cientos de estudiantes que cruzan sus 140 m de longitud (es exclusivamente peatonal) para subir las empinadas calles empedradas hasta los colegios e institutos de la judería.

El **torreón exterior,** de claro estilo mudéjar (arcos de herradura y góticos y bóvedas nervadas en su interior), conserva su estructura militar. Desde aquí, bajo la protección de san Julián (visible en la cara anterior), la guardia vigilaba la entrada a la ciudad y abría la verja cada día (las puertas de la ciudad permanecían cerradas por la noche) con unas llaves que, como las del resto de accesos a la ciudad, se custodiaban en el convento de Santa Clara. El paseo por este alargado puente permite tener unas interesantes vistas del río, el **molino de Santa Ana** y el **azud de San Martín.**

El **torreón interior** muestra a quienes acceden desde aquí a la ciudad un escudo imperial de Toledo y dos reyes que lo custodian, además de sendas inscripciones en alusión a las reformas durante el reinado de Carlos II. Nada más cruzar esta última puerta, es posible divertirse (y disfrutar de una vista única) tirándose por la **tirolina urbana** más larga de Europa, que une ambas orillas del río en paralelo al puente. Otra panorámica diferente es la que se obtiene colocándose frente al puente de San Martín desde la pasarela peatonal del **puente de la Cava** (que da acceso por carretera a esta parte de la ciudad extramuros). Desde aquí también se puede observar el **torreón del baño de la Cava** y un pequeño **mirador** (el de San Martín) al que se accede desde el paseo de Recaredo.

Atravesar la puerta del Cambrón

CIUDAD AMURALLADA

PLANO: 2 P. 87 **C1**

Da acceso a la judería (también fue llamada puerta de los Judíos) desde el paseo de Recaredo, ahorrándole

Mirador de Santa Ana.

al visitante la empinada subida que hay desde el puente de San Martín (aunque merece la pena el esfuerzo y cruzar el puente a pie). Desde su cara interior, a mano izquierda, hay unas escaleras de piedra que permiten alcanzar un improvisado mirador que se asoma a la ciudad extramuros, ofreciendo una primera panorámica de la basílica de Santa Leocadia y el Cristo de la Vega. También es posible obtener esta vista del noroeste toledano desde el **torreón de los Abades,** siguiendo intramuros a mano izquierda por la cuesta de las Carmelitas Descalzas hasta la plaza de Santa Teresa de Jesús, atravesando esta zona ajardinada, para encontrar el mirador en su esquina derecha.

Aunque su nombre inicial fue el de puerta de San Martín, la presencia en sus proximidades de cambroneras -una planta arbustiva- hizo que terminara quedándose con este nombre. Es de origen islámico, pero su aspecto actual responde a las reformas efectuadas durante el reinado de Felipe II. Un escudo del monarca y la imagen de santa Leocadia figuran en la **portada interior.** Desde el **exterior** (paseo de Recaredo) se puede observar un escudo pétreo sobre el que se abre una galería. Aquí vivía el alcaide, quien se encargaba de cobrar los derechos de portazgo a todos aquellos comerciantes que llegaban al amanecer a Toledo (se puede observar en una inscripción la exención que tenían los vecinos de la ciudad). Llama la atención la conservación de restos arquitectónicos romanos y árabes y, sobre todo, la elegancia que aportan al conjunto los dos torreones herrerianos y sus picudos chapiteles.

Detenerse en la plaza de San Juan de los Reyes

ENTORNO MONUMENTAL

PLANO: 3 P. 87 **C1**

Antes de continuar camino cuesta arriba por la calle de los Reyes Católicos, merece la pena hacer un alto frente a la portada mudéjar del **palacio de la Cava** (interior no visitable) y observar la magna fachada del **monasterio de San Juan de los Reyes** (p. 78), además de conocer de cerca algunos clásicos de la **artesanía toledana.** Diferentes talleres artesanales y tiendas familiares de cerámica, damasquinado y gastronomía se dan la mano en este entorno monumental.

Escuela de Arte Toledo

EDIFICIO HISTÓRICO

PLANO: 4 P. 87 **C2**

Combina con maestría y armonía el estilo neogótico y el neomudéjar en un edificio del s. xx construido en ladrillo y decorado con azulejos y forja en hierro. Los Reyes Católicos están presentes en sendas fachadas mediante un blasón de gran tamaño. En el interior de la que fuera Escuela de Artes y Oficios de Toledo se suceden los rasgos mudéjares y los artesonados renacentistas en un lugar que fue usado como refugio antiaéreo durante la Guerra Civil y que ahora alberga un **museo** *(www.museoartesaplicadas.escueladeartetoledo.es; gratis)* y el centro educativo. Como vecino tiene a la que fuera **Fábrica de San José,** un edificio neomudéjar que albergó un taller de espadas y cuchillos, luego una fábrica de harinas y actualmente un hotel y restaurante en el que la etiqueta es casi una exigencia para acceder.

Acordarse de la sinagoga del Sofer

RESTOS ARQUEOLÓGICOS

PLANO: 5 P. 87 **C2**

Entre las calles de los Reyes Católicos y del Ángel se encuentra una plaza de pequeñas proporciones que, además de bifurcar el camino que recorre la judería, esconde bajo una tarima de madera (sin ningún cartel que lo indique y en estado de abandono) los restos arqueológicos de la que fuera la sinagoga del Sofer (en hebreo clásico es la persona capacitada para caligrafiar los libros de la *Torá*, el *Tfilín* y la *Mezuzá*). Por desgracia, el espacio ha sufrido repetidos ataques vandálicos y su estado es, por el momento, de descuido.

Recorrer el Museo Victorio Macho

MUSEO Y PANORÁMICA

PLANO: 6 P. 87 **C4**

Una callejuela a mano derecha desde la itinerante calle de los Reyes Católicos da lugar a un privilegiado balcón urbano, el **mirador de Santa Ana.** Desde él se pueden apreciar (siguiendo el curso del río de izquierda a derecha) los cigarrales toledanos, la ermita de la Virgen (también mirador) y el puente de San Martín. A su lado está el **Museo Victorio Macho** *(www.realfundaciontoledo.es; adultos/reducida 5/2,5 €)*, en la que fuera casa y taller del escultor. Un total de 91 esculturas y 48 dibujos recorren las diferentes etapas creativas de este destacado artista palentino. Pese al realismo del yacente de la cripta, los restos del escultor reposan bajo el Cristo del Otero, en Palencia.

Adentrarse en la Casa del Judío

CASA-MUSEO

PLANO: 7 P. 87 **D3**

Se ubica en una pequeña calle junto a la de los Reyes Católicos y muestra en una antigua vivienda tradicional *(www.consorciotoledo.com; gratis)* de los ss. XIV-XV la vida tradicional y cotidiana de los habitantes de la judería toledana. El **patio,** con una bella yesería, y el **sótano,** donde tenía lugar el baño litúrgico de purificación espiritual, son los dos espacios más atrayentes. El dintel de la puerta que da acceso al sótano recibe al viajero con una frase de la *Torá* tallada sobre la madera junto a motivos florales. Cuenta la leyenda que esta vivienda perteneció al judío Ishaq que, a cambio de sus joyas, prestó a Isabel la Católica la financiación que la reina le otorgaría a Colón para su viaje a América.

Relajarse en los jardines del Tránsito

JARDINES PÚBLICOS

PLANO: 8 P. 87 **D4**

Asomándose al Tajo en su despedida de la ciudad de El Greco, estos jardines públicos se extienden frente al museo dedicado al pintor, conformando un espacio abierto de bancos y sombras (y baños públicos gratuitos) nada habitual en el Toledo antiguo. Fueron creados en la segunda mitad del s. XIX en lo que fuera el solar de los palacios del Marqués de Villena y posteriormente una escombrera, dando oxígeno a un barrio de angostas calles y raquíticas plazas.

Admirar el Museo del Greco

MUSEO NACIONAL

PLANO: 9 P. 87 **D4**

Un busto dedicado al sefardí **Samuel Ha-Leví** –tesorero del rey Pedro I de Castilla, oidor, diplomático y persona de gran influencia en la comunidad judía española, especialmente en Toledo– parece custodiar el que fuera su palacio residencial, el actual Museo del Greco *(www.cultura.gob.es/mgreco/inicio; adultos/incl. sinagoga del Tránsito 3/5 €)*. Posteriormente fue comprado y rehabilitado en estilo renacentista. Finalmente fue donado al Estado para albergar un museo único dedicado al pintor más insigne de cuantos pasaron por Toledo y de algunos de sus discípulos. Se trata de una casa de época, típica toledana, con una importante colección pictórica (ss. XVI-XVII).

Potenciano Fco. & Hijos.

La visita comienza cruzando una zona ajardinada y permite observar obras como el *Apostolado, Las lágrimas de san Pedro* o *Vista y plano de Toledo,* en el que el Hospital de Tavera (p. 118) adquiere un protagonismo que no deja duda acerca de la importancia de este en la vida del pintor griego.

Descubrir el palacio de Fuensalida

PALACIO Y PATIO

PLANO: 10 P. 87 **E3**

Superando una empinada rampa desde los jardines del Tránsito, el patio de este palacio *(www.cultura.castillalamancha.es/patrimonio/yacimientos-visitables/palacio-de-fuensalida; gratis; abierto en el Corpus, solo para grupos y con reserva previa)* vecino de la iglesia de Santo Tomé fue mandado construir en el s. XV por el conde de Fuensalida, cuyo escudo figura en los capiteles de dicho patio. En este lugar residió ocasionalmente Carlos V y aquí falleció su mujer. Actualmente alberga la sede de la Presidencia del Gobierno de Castilla-La Mancha y un espacio museístico. El soberbio aspecto de su portada es la antesala a un patio de dos alturas (la escalera entre ambas es de una belleza asombrosa), con columnas prismáticas y balaustradas de madera. También se pueden observar yeserías gótico-mudéjares enmarcando con mucho detalle las ventanas de las estancias y un pozo solitario en la planta baja. No debe olvidarse el salón de Embajadores, mirando hacia su techumbre mudéjar.

Visitar la iglesia de Santo Tomé

IGLESIA Y EL GRECO

PLANO: 11 P. 87 E3

Cuesta hacerse un hueco para disfrutar, nada más entrar, del lienzo más buscado del pintor cretense: *El entierro del señor de Orgaz* (o *El entierro del conde de Orgaz*), encargo del, por entonces, párroco de Santo Tomé y una de las obras más destacadas de El Greco. La torre mudéjar en ladrillo y piedra de esta iglesia *(www.santotome.org; adultos/pulsera turística 7 monumentos 4/12 €)* conserva la estructura del antiguo alminar que tuvo este templo cuando era mezquita. En el interior de la iglesia destaca el retablo de la capilla de la Encarnación, una pila bautismal (s. XVI) y la Virgen de la Sonrisa (en alabastro policromado). Desde la capilla de la Hermandad se accede a la parte alta del alminar almohade, rememorando la llamada a la oración en la Toledo musulmana.

Hacer un descanso en la Iglesia de El Salvador

EDIFICIO RELIGIOSO

PLANO: 12 P. 87 F3

Originariamente levantada como mezquita (la actual torre se erigió sobre el alminar), esta iglesia conserva en su interior restos constructivos tardorromanos y visigodos, aunque algunos estudios datan la pilastra en época paleocristiana. La visita *(www.toledomonumental.com/iglesia-de-el-salvador; adultos/pulsera turística 7 monumentos 4/12 €)* no robará demasiado tiempo, pero si se dispone de la pulsera turística la entrada a este templo está incluida. Muy próximo, tomando la calle del Salvador, se encuentra el **pozo del**

CON MÁS TIEMPO

A un paso de la calle de Santo Tomé y, en linde con el norte conventual, están la **Casa del Armiño** y la **Casa de las Cadenas** (vivienda típica de la nobleza toledana). Muy próximo está el **convento de Madre de Dios,** perteneciente a la Universidad de Castilla-La Mancha. Por el suroeste, bordear el paseo de Recaredo permite asomarse al mirador de San Martín y observar el torreón del **Baño de la Cava.** Intramuros, a escasos metros de la puerta del Cambrón está el **torreón de los Abades,** desde donde se tiene una buena vista de la **basílica de Santa Leocadia.** En el flanco suroriental de la judería, casi tocando el convento de Santa Isabel, se encuentra la **iglesia de San Bartolomé,** una de las más longevas de Toledo (1145), aunque su aspecto actual data de la reforma del señor de Orgaz (s. XV) y de otras posteriores, con tendencia al gótico. No obstante, su torre (antiguo alminar) conserva ventanas califales y vestigios visigodos en los muros. El ábside, de gran belleza mudéjar, despliega una serie de arcos ciegos en tres hileras (de medio punto, polilobulados y de herradura sucesivamente).

Salvador, uno de tantos pozos y aljibes existentes en la ciudad para acumulación del agua de la lluvia en tiempos de la Toledo musulmana; puede contratarse a una de las empresas que recorren el subsuelo toledano para verlo *(www.evocarte.com/toledo-subterraneo; adultos/niños 25-30/10 €)* o contactar con quien lo gestiona *(www.consorciotoledo.com),* pues no es posible la visita por libre.

Ver el Taller del Moro PALACIO-MUSEO

PLANO: 13 P. 87 **E3**

Un agradable paseo por la judería lleva hasta la calle del Taller del Moro, donde se ubica este museo *(925 788 270; adultos/reducida 2/1 €),* fácil de localizar gracias a su peculiar cartel de entrada. Linda con el palacio de Fuensalida, a quien debe la desgracia de que parte del palacio mudéjar original desapareciera. Solo conserva el salón central y dos alcobas laterales, pero la belleza del artesonado de la techumbre, los arcos y yeserías mudéjares (con una paloma en referencia al constructor del palacio y una mano abierta simbolizando la hospitalidad característica del mundo árabe) invitan a visitar este lugar que fue utilizado como convento, almacén, salón de baile y taller de cantería (etapa en la que su puerta principal daba a la calle del Moro). Fue declarado Monumento Histórico Artístico en 1931 y se abrió como museo estatal en 1963.

Conocer el convento de San Antonio de Padua CONVENTO Y PATIO

PLANO: 14 P. 87 **E3**

Fue fundado en 1525 y para visitarlo debe concertarse previamente una cita con un guía oficial, aunque en ocasiones (como en el Corpus) se hace una excepción para que su patio pueda ser disfrutado con menos impedimentos. Su tienda de dulces (p. 97) está siempre abierta. Sin visita organizada *(925 224 047 y 616 136 483)* puede apreciarse la portada gótico-mudéjar de su exterior, entre las calles de Santo Tomé y del Ángel,

LA LEYENDA DE LA MUJER DEL ALARIFE

Resuena en toda la ciudad una leyenda sobre el arquitecto (alarife) que llevó a cabo la construcción del puente de San Martín y de cómo su mujer lo salvó de perder su prestigio y hasta su propia cabeza. Finalizada la obra y a punto de retirar la estructura de madera que la sostenía, el arquitecto se percató de que el puente no aguantaría y cedería. Sus pesadillas fueron tales que la mujer buscó una solución rápida y silenciosa. De noche y sin que nadie se percatara, prendió fuego al andamiaje de madera, consiguiendo así el arquitecto una nueva oportunidad de subsanar los errores técnicos.

BÉCQUER Y LAS TRES FECHAS

Entre artículos periodísticos y sus distintas ocupaciones como escritor, Bécquer siempre buscaba un hueco para acercarse desde Madrid a su inspiradora ciudad de Toledo. En una de tantas ocasiones, de camino por la judería hacia el ruinoso monasterio de San Juan de los Reyes creyó ver a alguien observándole tras un visillo desde un balcón en la **travesía del Arquillo.** Quiso imaginar que era una morena joven toledana de ojos verdes que con timidez se había enamorado de él. Apuntó la fecha (2 de agosto de 1870) y pasado un corto período de tiempo regresó a Toledo, volviendo a sentir la presencia observadora y una mano que lo saludaba tras los ventanales del **convento de los agustinos.** De vuelta a Madrid apuntó la nueva fecha (30 de septiembre de 1870) y continuó con sus quehaceres profesionales hasta que meses después, en un nuevo viaje a Toledo, rondaba el **convento de las dominicas** y se percató de unos cantos en su interior. Su curiosidad le llevó a descubrir la toma de hábito por parte de una joven que estaba teniendo lugar en su interior. Una mujer le explicó al literato que aquella muchacha que vivía en la judería, en la travesía del Arquillo, había perdido a sus padres en un accidente, luego a su tío, prior del convento de los agustinos y, tras tanta desgracia, no había tenido otro remedio que meterse a monja. Al ver el rostro de la chica y darse cuenta de que había perdido para siempre al idealizado amor de su vida, Bécquer se sumió en una tristeza tremenda, regresó a Madrid en su carruaje y, sin apuntar esta última fecha, decidió no volver nunca más a Toledo.

recordando el palacio que fue originalmente.

Pasear por la calle del Ángel

TOLEDO DESCONOCIDO

PLANO: 15 P. 87 **D3**

Dejando atrás el convento de San Antonio de Padua, la pendiente hacia abajo por la calle del Ángel concluye la visita a la judería con los últimos regalos para el visitante. Una pequeña hornacina cercana a un **cobertizo** apoyado sobre un arco aloja a un diminuto **ángel** de estilo gótico, dando nombre a esta calle. A la altura del nº 6 se ubican los **baños árabes del Ángel** *(www.consorciotoledo.com; gratis),* del s. XI, representando con clase al resto de estos baños rituales dispersos por la judería.

Más adelante están el **callejón de los Jacintos,** el antiguo **Hospital de San Juan de Dios** (Bien de Interés Cultural, que actualmente alberga una residencia de ancianos) y la **travesía del Arquillo,** uno de los escenarios clave de la historia literaria de Bécquer y sus tres fechas.

SUGERENCIAS

Lo mejor para...

Localizaciones en el plano de la **p. 87**

€ Económico €€ Medio €€€ Alto

Comer

Estrella Michelín

Mesón La Orza €€
16 E4
En el 2023 obtuvo una estrella Michelin y un Sol Repsol. Ubicado en subida desde el Museo del Greco hacia la iglesia de Santo Tomé, ofrece un menú degustación, platos regionales y caza de temporada en un ambiente refinado. *13.30-15.30 y 20.30-22.30 lu-sa; www.restaurantelaorza.com*

Dulces y mazapanes

Confitería Santo Tomé €
17 E3
Este obrador artesanal es, desde 1856, el paraíso de los mazapanes. Un gran monumento de mazapán acapara todas las miradas de su escaparate. Los elaboran semanalmente sin aditivos, siguiendo la receta tradicional, y se pueden tomar *in situ* o comprarlos para llevar. Además, no es necesario esperar a Navidad para degustarlos porque la producción es continuada durante todo el año. *9.00-21.00 lu-do; www.mazapan.com*

Bar-restaurante

El 10 de Santo Tomé €/€€
18 E3
Su terraza ocupa una plaza triangular en plena judería y en su carta se alternan raciones para compartir (como huevos fritos con jamón y patatas), tostas, ensaladas y postres como tarta de mazapán con helado de pistacho. *lu-do 11.30-24.30; www.el10desantotome.es*

Tradicional

Restaurante Museo de productos de Castilla-La Mancha €/€€
19 C1
En pendiente hacia la puerta del Cambrón, su rústico comedor siempre está lleno. Ofrecen menú del día (22 €) con platos como arroz meloso, solomillo a la parrilla u osobuco de ciervo. Su salmorejo nunca decepciona; también se puede optar por platos de carta. *9.00-17.00 lu-do; 925 213 805*

Lugares únicos

Restaurante Plácido €€
20 E3
El patio de esta antigua edificación es el comedor principal y el imán que atrae a cualquier comensal que ronde la calle de Santo Tomé. El servicio no es su fuerte pero la exquisita presentación y sabor de su oferta gastronómica, tradicional y castiza, es de lo mejor de la judería. Algunos de sus platos estrella son el *poké* de salmón con mango, la sopa castellana (solo en invierno), el dúo de hummus (garbanzos y remolacha), las patatas revolconas con huevo y picadillo de corzo o la perdiz estofada. Hasta un gazpacho o un salmorejo están deliciosos en este lugar lleno de historia y encanto. *19.30-22.30*

lu-sa, 12.00-16.00 también ju-ma; www.restauranteplacido.com

Beber

Café y dulces

El Café de las Monjas

21 E3

Goza de buen ambiente (aunque no tiene nada que ver con el mundo conventual) y una gran variedad de dulces toledanos y foráneos para acompañar una bebida fresca o un café. *9.00-20.30 vi-mi, 9.00-13.00 ju; www.elcafedelasmonjas.com*

Comprar

Regalos y artesanía

Arte Aguado-Ceramista

22 C2

Con una larga trayectoria familiar y ubicado frente al monasterio de San Juan de los Reyes, fabrican y venden todo tipo de piezas artesanales de cerámica. *10.30-14.00 lu-vi, 17.00-19.00 también lu y 18.00-20.00 vi; www.ceramicadeaguado.blogspot.com*

Brocante Toledo

23 D3

Poco después de pasar la sinagoga de Santa María La Blanca, en esta tienda de cerámica y artículos *vintage* se vende casi de todo. Cualquiera de sus piezas tiene tanta personalidad que se hace difícil no darse un capricho. *11.00-19.00 lu-sa, 11.00-14.00 do; 626 415 507*

Potenciano Fco. & Hijos

24 D2

En la calle del Ángel, fabrican y venden lámparas, faroles y candiles de latón y bronce, así como espejos, vidrieras y apliques. Muchos palacios, hoteles, edificios públicos y cigarrales de Toledo y otras localidades cuentan con piezas de este taller artesano. *8.30-13.45 y 16.30-20.00 lu-vi, 10.30-13.30 sa; www.hijosdefpotenciano.com*

Damasquinados F. Serrano

25 C2

Es una opción acertada si se busca el preciado arte que más brilla en Toledo. Cada artesano tiene sus propios diseños y los de F. Serrano son únicos. Venden pastilleros, espejos de bolsillo, cerámicas decoradas y una lista interminable de objetos en los que este detallista y laborioso arte son plasmados desde hace siglos. *10.00-14.00 lu-sa (tardes variable según el clima), 16.00-19.00 sa; 925 211 809*

Dulces conventuales

Convento de San Antonio de Padua

26 D3

Aprovechando para visitar su patio, en este convento venden mazapanes, toledanas y todo tipo de dulces conventuales. *11.00-13.30 lu-sa, 16.00-20.00 también sa (fuera de horario también dispensan llamando al timbre); 616 136 483*

★ MERECE LA PENA

La ciudad amurallada

La ciudad está configurada como una infranqueable urbe defensiva de laberínticas callejuelas. Fue protegida y atacada a partes iguales, y gozó de una intensa actividad cultural y religiosa. Grandes puentes, innumerables puertas, un río que hacía de foso en el flanco sur y un extenso recinto amurallado iluminado al anochecer convierten este recorrido en un viaje al pasado.

INICIO	FINAL	DURACIÓN
Puente de San Martín	Puente de Alcántara	4 km; 4-6 h

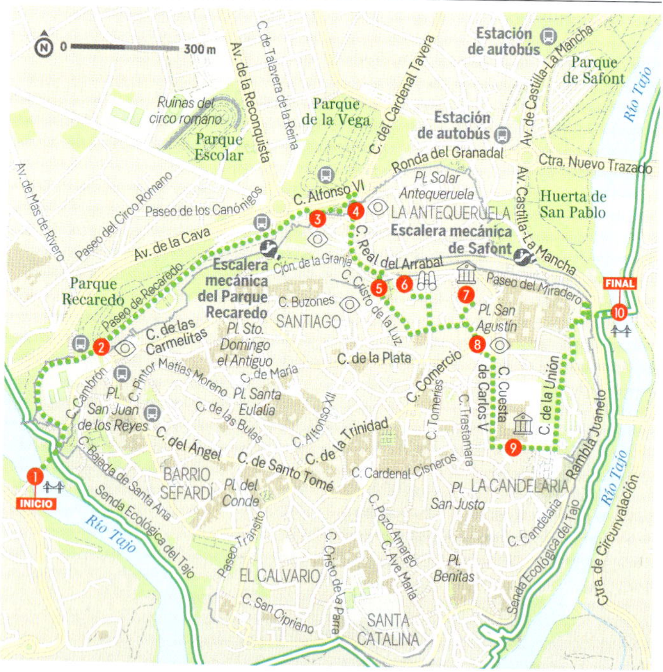

1 Puente de San Martín

Se atraviesa el **Tajo,** extramuros, al suroeste de la capital manchega. Toda la judería se encuentra subiendo las empinadas cuestas tras cruzar el puente (p. 88).

2 Puerta del Cambrón

Por el paseo de Recaredo, hay que asomarse al **mirador de San Martín** y continuar hasta la puerta del Cambrón (p. 88, acceso a la judería).

3 Puerta de Alfonso VI

Se bordea por el paseo de Recaredo el lienzo norte de las **murallas** hasta la puerta de Alfonso VI (p. 64), también conocida como puerta Vieja de Bisagra. Durante siglos estuvo tapiada pero actualmente es uno de los accesos más coquetos a la ciudad.

4 Puerta de Bisagra

Hay que cruzar el **patio de armas** del interior de esta puerta y deslumbrarse con la iglesia mudéjar de **Santiago del Arrabal.**

5 Puerta de Valmardón

También conocida como **puerta del Cristo de la Luz,** si se cruza, se toca ya la **mezquita** homónima y se descubre la leyenda de su nombre y hallazgo fortuito.

6 Mirador del Azor

Uno puede perderse entre callejuelas y buscar un antiguo cubo de la muralla desde donde se obtienen unas privilegiadas vistas (p. 64). Más abajo esperan la **puerta de Alarcones** y la **puerta del Sol.**

7 Palacio de Benacazón

Se disfruta del exterior de este conjunto (p. 44), en especial de la portada neomudéjar y de los capiteles islámicos (s. x).

8 Plaza de Zocodover

Toca probar mazapán en la **confitería Santo Tomé** (p. 96), saludar a **Cervantes** asomándose por el **Arco de la Sangre,** tomarse algo en Zocodover (p. 43) o adentrarse en el **Museo de Santa Cruz.**

9 Alcázar y Museo del Ejército

La historia más triste de la ciudad espera en el Alcázar (p.40) y su inmenso Museo del Ejército (p. 41).

10 Puerta y puente de Alcántara

Para finalizar la ruta, hay que bordear en pendiente descendente el Alcázar por la cuesta de los Capuchinos, descender hasta la **Cámara Bufa** (p. 43) y zigzaguear (descansando en un parque abalconado con vistas al Tajo y al **castillo de San Servando**) hasta cruzar la puerta de Alcántara (p. 38). El puente homónimo marca el límite de la ciudad amurallada y, al anochecer, ofrece una imagen inolvidable. Con más tiempo, se puede complementar este itinerario con la **ruta extramuros** (p. 116), para la que es recomendable contar con vehículo.

Sugerencias de lugares para comer y comprar en **p. 113**

Explora
La catedral y el sur

No hay mejor premio para un madrugón que adentrarse en las tres culturas de Toledo desde el corazón de su catedral primada, palidecer entre capillas llenas de historia y arte, escuchar el sonido de sus campanas y órganos y, con media jornada absorbida por la seo toledana, perderse entre callejuelas, antiguos conventos, tiendas de artesanía o dulces monacales, baños árabes, ritos hispano-mozárabes y hasta un mini trayecto fluvial cruzando el Tajo para acariciar la ermita del Valle, al otro lado del río.

Cómo llegar y desplazarse

A pie

La mejor forma de llegar a esta parte de la ciudad es atravesando la judería por la calle del Ángel y, a continuación, la calle de Santo Tomé. Desde Zocodover se puede descender por la calle del Comercio hasta la plaza de Cuatro Calles, lugar en el que es fácil desorientarse. Intentar moverse en coche por el núcleo del conjunto histórico es como lanzarse a una pesadilla de la que no es fácil escapar.

Convento de Santa Isabel (p. 112).

★

LO MEJOR

Maravillarse ante el arte e historia de la **CATEDRAL PRIMADA** (p. 104).

Aprender sobre el pasado árabe en los **BAÑOS DE TENERÍAS, DEL CENIZAL Y DEL CABALLEL** (p. 112).

Descansar en el patio del **CONVENTO DE SANTA ISABEL** (p. 112).

Catar quesos en el **MUSEO DEL QUESO MANCHEGO** (p. 113).

CIRCUITO A PIE

Descubrir la catedral y el sur

Con vistas a la catedral primada, que acapara todas las atenciones del centro de la ciudad histórica, recorrer esta parte de Toledo es fácil y cómodo si se comienza desde su parte alta (plaza del Ayuntamiento). Desde aquí, todo es bajar entre conventos, iglesias y antiguos baños. Una vez se llega al Tajo, nada como imitar a los autóctonos y cruzar el río en la Barca de Pasaje.

INICIO	FINAL	DURACIÓN
Plaza del Ayuntamiento	Barca de Pasaje	3 km; 6-8 h

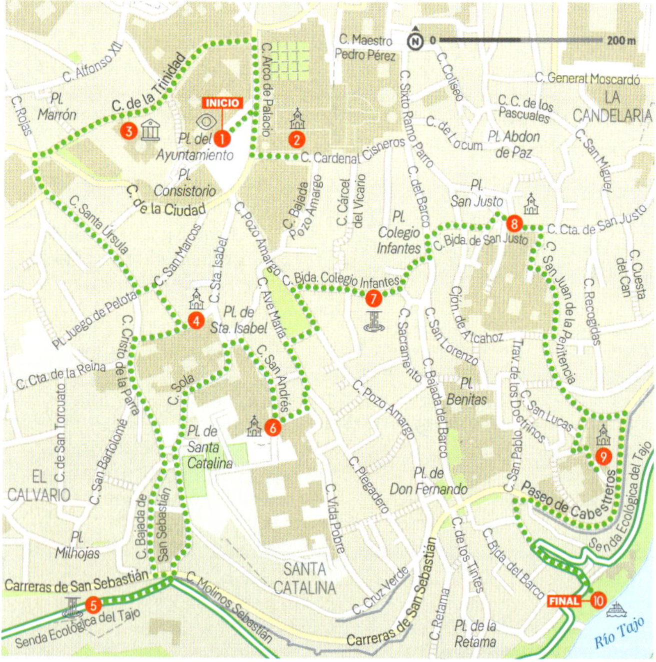

1 Plaza del Ayuntamiento
Se disfruta de la privilegiada vista que ofrece de la catedral primada con las afiladas torres del edificio consistorial custodiando el inicio de la ruta.

2 Catedral primada
Es todo un museo de museos en pleno centro de la ciudad monumental. Se debe dedicar todo el tiempo posible a esta maravilla (y nunca será suficiente). En su interior (p. 104), con acceso desde la Puerta Llana, en la calle del Cardenal Cisneros, se suceden capillas, espacios museísticos y hasta una gran campana, apodada "Gorda", con historia propia.

3 Centro Cultural San Marcos
Vale la pena visitar una exposición en este antiguo convento (p. 112) cuyo interior conserva su alma religiosa.

4 Convento de Santa Isabel
Hay que apreciar el patio de la Enfermería y deleitarse con los dulces, jabones sanadores y artesanías que ofrecen en la entrada (p. 112).

5 Baños árabes de Tenerías
Se puede descubrir el pasado de estos baños de purificación *(www.consorciotoledo.com; gratis)* bajo la antigua mezquita (actual **iglesia de San Sebastián**) mediante un recorrido guiado desde las Cuevas de Hércules o, de forma libre, desde el perímetro exterior.

6 Iglesia de San Andrés
Aunque la belleza mudéjar del exterior es visible a cualquier hora del día, para descubrir su interior hace falta esperar a la misa diaria de las 19.00.

7 Baños del Caballel y del Cenizal
Es hora de adentrarse en estos milenarios baños árabes (p. 112) gestionados por el Consorcio de Toledo y cuya visita organizada es gratuita.

8 Iglesia de los Santos Justo y Pastor
Los dos mártires que dan nombre a esta iglesia (p. 112) tienen presencia en forma escultórica dentro de la torre. Su más preciada joya es la capilla del Corpus Christi.

9 Iglesia de San Lucas
Casi se precipita sobre el Tajo, al sur de la ciudad, y su antigüedad se remonta a la etapa visigoda. Semanalmente celebran un rito hispano-mozárabe (al que se puede asistir gratis) y sus jardines son disfrutables a diario.

10 Barca de Pasaje
Como colofón de la ruta, hay que acercarse al río, viendo la **Casa del Diamantista** (p. 123) y la **torre del Hierro** (p. 123), y continuar por la **Senda Ecológica** (p. 122) o cruzar el Tajo en la **Barca de Pasaje** (p. 123; 1 abr-15 sep, ju-do; gratis) para hacer una romería el 1 de mayo hasta la **ermita del Valle** (p. 123).

★ IMPRESCINDIBLE

Catedral primada

Por encima de los tejados del cerro toledano, dos edificios despuntan representando a una ciudad desbordante de cultura y patrimonio: el Alcázar y la catedral primada. Esta última palpita desde el corazón de la capital con su sobrecogedora estampa gótica, visible desde numerosos miradores, rincones secretos y callejuelas. En su interior, la belleza y delicadeza de sus museos, capillas y naves obligan a moverse sin prisa, entre cientos de simbólicos detalles, hasta el Tesoro, donde se guarda la maravilla escultórica de la Custodia del Corpus Christi, que desfila una vez al año por las calles del casco histórico.

PLANO: P. 111 **B3**

Escanea este código QR para precios, horarios y demás.

De templo romano a catedral cristiana

Como si de un viaje relámpago a la historia de esta ciudad se tratara, el solar que ocupa la catedral primada de Toledo estuvo ocupado por un **templo romano;** después, por la **basílica visigoda** más importante y, tras ella, por la **Gran Mezquita de Toledo.** Pese a las promesas del rey Alfonso VI de permitir en ella el culto islámico, dos años después de la conquista de la ciudad (1087), la mezquita fue consagrada como **iglesia cristiana** y comenzó a usarse como tal, a espaldas del monarca y con el apoyo de la reina Constanza. Casi siglo y medio después, con la expulsión definitiva de los musulmanes a Andalucía oriental tras la victoria cristiana en las **Navas de Tolosa,** el arzobispo Jiménez de Rada, beneficiado con buena parte del botín captado a los almohades y receloso de la parisina catedral de Notre Dame, comenzó a mover hilos hasta conseguir que la mezquita fuera olvidada para dar paso al levantamiento de una **catedral** que simbolizara como ninguna otra a la Iglesia española. Para ello se trajo a uno de los arquitectos de la seo gala

y, en 1226, se colocó la primera piedra tras dos años de borrón y cuenta nueva. Pasados 265 años de construcción en granito y piedra blanca, al templo se le añadieron a posteriori diversas capillas y la sacristía mayor (ss. XVII y XVIII). Un total de 15 capillas fueron ubicadas en la cabecera (del total de 25) y sufragadas por acaudaladas familias. La sede primada era testigo de miles de misas anuales y de un nivel de majestuosidad y esplendor fruto de la riqueza con la que contó para su levantamiento. Es, en sí misma, un museo de museos y la visita puede extenderse las horas que cada visitante quiera dedicarle entre altares, retablos, sepulcros, espacios museísticos, capillas y piezas artísticas de los más grandes pintores de la historia (también de El Greco, por supuesto).

LA CATEDRAL Y LA NOCHE TOLEDANA
Durante casi 1 h la catedral primada de Toledo se llena de música, luz y color en su espectáculo **"Lumina"** (www.luminacatedraldetoledo.com; entrada nocturna/combinada día y noche 24,9/33 €, gratis menores de 8 años).

CONSEJO
El acceso a la catedral (**puerta Llana,** en la calle del Cardenal Cisneros) implica esperas desde antes de abrir sus puertas, por lo que merece la pena madrugar para ser de los primeros y disfrutar de este templo con calma (entrada adultos/reducida/niños/combinada con "Lumina" 12/8/6/33 €). Los domingos por la mañana, desde el Altar Mayor se oficia misa.

Primeros pasos

Desde la **puerta Llana** (acceso a turistas) se debe ir a mano izquierda, hacia la luz del gran **rosetón** de la fachada principal, y admirar en la parte interior la triple portada del **Perdón,** la **Torre** y los **Escribanos** (solo se abren para ocasiones especiales). De camino, en esquina, merece una parada la verja de la **capilla Mozárabe.** Mirando hacia la cabecera, un muro impide ver la capilla Mayor y el Coro, ubicados en el eje medio de la nave central como es habitual en las catedrales castellanas. Bajo la **torre de las Campanas** (ocho concretamente, incluyendo la **"Gorda",** de casi 18 toneladas de peso y 3 m de diámetro) se ubica el primero de los museos que alberga la catedral: el **Tesoro,** donde se expone la **Custodia del Corpus Christi,** una torre calada de 200 kg de oro, plata y piedras preciosas que fue encargada por el cardenal Cisneros para proteger simbólicamente el Corpus, su huésped más valiosa, que procesiona cada año durante la más grande festividad toledana. En su interior, se aloja otra custodia de mano (de oro, rubíes, esmeraldas y diamantes), perteneciente a Isabel la Católica y adquirida por el cardenal Cisneros cuando la reina falleció. Además, en este espacio se exponen una réplica de la **Biblia de San Luis** y una serie de anillos, cruces, reliquias y coronas de las patronas de Toledo, un cristo de marfil y lienzos de Tiziano y Fra Angélico.

El claustro

A mano izquierda se accede al claustro, ubicado en el solar que dejaría el mercado judío tras un sospechoso incendio. Se suceden en él una serie de pinturas murales con la vida de San Eugenio y otros patronos de la ciudad. Enmarcada en una bella cantería se accede a la capilla del Arzobispo Tenorio, de gran belleza y con estupendas vistas de la torre.

Catedral de Toledo

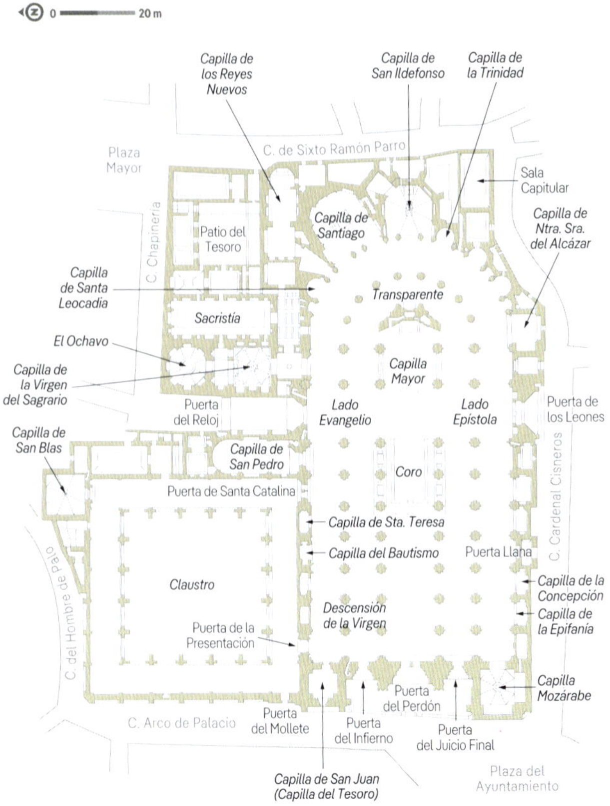

EL CORPUS
Cada año, la semana del Corpus llena las calles de Toledo de flores, candiles y actos conmemorativos. El jueves, la ciudad literalmente colapsa con motivo de la procesión en la que se muestra la Custodia del Corpus Christi hasta regresar a su hogar catedralicio, la sala del Tesoro. Para disfrutarlo (si no se tiene fobia a las masificaciones) es mejor llegar muy temprano, aparcar extramuros y olvidarse del vehículo hasta el final de la tarde.

La capilla Mayor y Coro

Entre la puerta del Reloj y la puerta de los Leones está el crucero, con el **Coro** a mano derecha. De gran tamaño, en la creación de su sillería participaron Rodrigo Alemán, Felipe de Borgoña y Alonso de Berruguete; en la parte alta siguen sonando dos órganos barroco y neoclásico, respectivamente; en el centro del Coro, una imagen de la Virgen Blanca preside el lugar donde se concentraban los canónigos de la catedral. A mano izquierda está la **capilla Mayor,** donde se encuentra el Sagrario. Aquí se oficiaron coronaciones y funerales reales, manteniendo en los laterales los féretros de algunos reyes de Castilla; con 25 m de altura y una estructura circular de madera policromada y dorada, su retablo narra la vida de Jesucristo mientras los grupos escultóricos crecen en tamaño al ascender hasta el Cristo crucificado que lo preside desde lo alto. Continuando en dirección a la puerta de los Leones se encuentra el **órgano del Emperador,** regalo de Carlos V a la catedral y el más antiguo de todos. Un doble pasillo rodea la **girola** y se dirige hacia el Transparente y la serie de capillas que lo acompañan.

El Transparente

En la girola, el conjunto escultórico barroco del Transparente parece iluminarse desde el cielo. Una ventana, desde la parte alta de las bóvedas, deja que las primeras luces del día iluminen una serie de frescos con escenas del Antiguo Testamento. La segunda ventana, detrás de la capilla Mayor, hace que el retablo en mármol de Carrara y bronce dorado con escenas del Nuevo Testamento brille con luz propia.

La sala Capitular

Frente al Transparente se encuentra esta antigua sala de reuniones, precedida por una antesala con flores y pájaros del paraíso representados pictóricamente y unos armarios de madera profusos en detalles en los que se guardaban las actas de las decisiones

tomadas en dichas reuniones. La sala Capitular está decorada con frescos de Juan de Borgoña y cuenta con una serie de bancos y una hilera doble de retratos de todos los obispos y arzobispos de la seo toledana. Sobre la puerta de entrada, como si se tratara de un lúgubre aviso, un fresco representa el Juicio Final.

Capillas principales

Continuando a mano derecha se suceden una serie de capillas funerarias de vital importancia en la visita (parte de la financiación de la catedral de Toledo vino de las familias que ahora están allí enterradas). La **capilla de San Ildefonso** acoge el sepulcro gótico del arzobispo de Toledo y cardenal Gil de Albornoz. La **capilla de Santiago** es la más lujosa en detalles y en ella reposan don Álvaro de Luna y su mujer. En los muros figuran el emblema familiar y una concha de Santiago (además del

PATRIMONIO EN RESTAURACIÓN
El sur está lleno de espacios que, por motivos diversos, están cerrados de forma indefinida. Algunos de ellos son: la mezquita de las Tornerías, que alberga el Centro de Artesanía de la Junta de Comunidades, y el mercado de abastos, restaurado en diciembre del 2024 y vecino del clasicista teatro de Rojas.

propio Santiago Apóstol montado a caballo matando moros en representación de la Reconquista), por pertenecer este hombre de influyente linaje a la Orden de Santiago. Por último, destaca la **capilla de los Reyes Nuevos** (desde la muerte de Pedro I el Cruel a manos de su hermanastro Enrique de Trastámara), de estilo renacentista.

La sacristía

Era el lugar donde los sacerdotes se preparan para celebrar el culto, pero ha derivado en un espacio museístico con una colección de pinturas y esculturas de renombre. Todas las miradas se centran en *El Expolio* de El Greco, pero cuenta también con obras de Goya, Luca Giordano (fresco del techo), Tiziano, Rafael, Caravaggio, Van Dick, Zurbarán, Rubens o Velázquez, entre otros.

Bordear el exterior

La **plaza del Ayuntamiento** regala una de las mejores vistas a pie de calle de la catedral de Toledo. De sus dos **torres** destaca la de la izquierda, llamada de las Campanas y plena de detalles y filigranas. A los pies de esta torre, la **puerta del Mollete** da acceso al claustro (su nombre deriva del hecho de que aquí se repartía pan entre los necesitados). Entre ambas torres se abre la **triple portada** de la fachada principal. Hacia el sur, el camino lleva hasta la **puerta Llana** (acceso a la visita turística y salida de procesiones), después a la **puerta de los Leones** y, en el lateral norte, a la **puerta del Reloj,** la más antigua de todas. Bordear la catedral primada es también perderse entre las muchas tiendas de recuerdos y, de vez en cuando, artesanía y tradición. Si se busca una **panorámica del conjunto,** nada como subir a las torres de la iglesia de San Ildefonso (p. 66), recorrer la circunvalación sur hasta la ermita del Valle (p. 123) o asomarse por el callejón que oculta el vértice suroeste del Alcázar (p. 40).

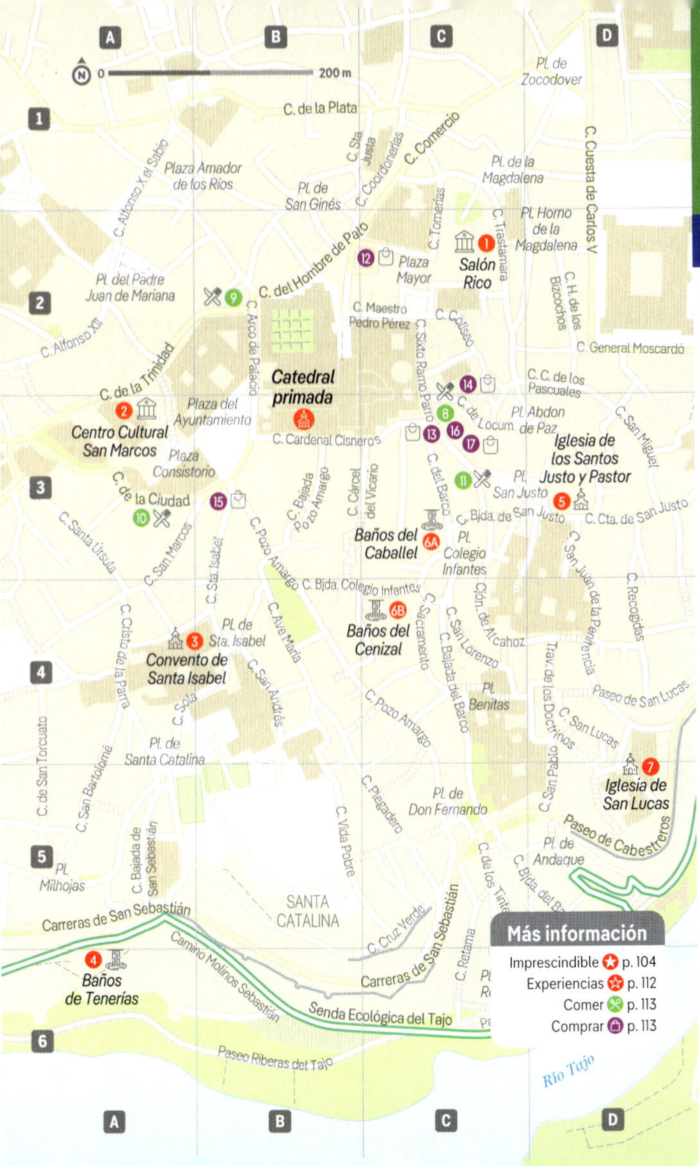
A
B
C
D
0
200 m
1
2
3
4
5
6
Pl. de Zocodover
C. de la Plata
C. Sta. Justa
C. Coordonerías
C. Comercio
Plaza Amador de los Ríos
C. Alfonso X el Sabio
Pl. de San Ginés
Pl. de la Magdalena
C. Cuesta de Carlos V
Pl. Horno de la Magdalena
C. Tornerías
C. Trastamara
1
Salón Rico
12
Plaza Mayor
C. del Hombre de Palo
C. H. de los Bizcochos
Pl. del Padre Juan de Mariana
9
C. Arco de Palacio
C. Maestro Pedro Pérez
C. Coliseo
C. General Moscardó
C. Alfonso XII
C. de la Trinidad
Catedral primada
C. Sixto Ramo Parro
14
C. C. de los Pascuales
2
Centro Cultural San Marcos
Plaza del Ayuntamiento
8
C. de Locum
Pl. Abdon de Paz
C. San Miguel
C. Cardenal Cisneros
13
16
17
Iglesia de los Santos Justo y Pastor
Plaza Consistorio
C. de la Ciudad
C. Bajada Pozo Amargo
C. Cárcel del Vicario
C. del Barco
11
Pl. San Justo
5
15
10
C. Bjda. de San Justo
C. Cta. de San Justo
C. Santa Úrsula
C. San Marcos
C. Sta. Isabel
C. Pozo Amargo
Baños del Caballel
6A
Pl. Colegio Infantes
C. San Juan de la Penitencia
C. Recogidas
C. Bjda. Colegio Infantes
C. Sacramento
Cjón. de Alcahoz
C. Cristo de la Parra
C. Ave María
6B
Baños del Cenizal
C. San Lorenzo
C. Bajada del Barco
Pl. de Sta. Isabel
3
Convento de Santa Isabel
C. San Andrés
Trav. de los Doctrinos
Paseo de San Lucas
C. Sola
C. Pozo Amargo
Pl. Benitas
C. San Lucas
C. de San Torcuato
C. San Bartolomé
Pl. de Santa Catalina
C. San Pablo
7
Iglesia de San Lucas
C. Plegadero
Pl. de Don Fernando
C. Vida Pobre
Paseo de Cabestreros
Pl. de Andaque
C. Bajada de San Sebastián
Pl. Milhojas
C. de los Tintes
C. Bjda. del B
SANTA CATALINA
Carreras de San Sebastián
C. Cruz Verde
C. San Sebastián
C. Retama
4
Baños de Tenerías
Camino Molinos Sebastián
Carreras de San Sebastián
Senda Ecológica del Tajo
Paseo Riberas del Tajo
Río Tajo
Más información
Imprescindible p. 104
Experiencias p. 112
Comer p. 113
Comprar p. 113

EXPERIENCIAS

Sentir el Salón Rico ANTIGUO PALACIO

PLANO: 1 P. 111 **C2**

Junto al **Corral de Don Diego,** *(925 253 080 visitas guiadas con reserva previa; gratis)* se ubica en un solar donde estuvo el palacio de los Trastámara, aunque antes fue corral y mercado de artesanía. Es de origen almohade y destaca la belleza de su artesonado trapezoidal en madera y las yeserías.

Conocer el Centro Cultural San Marcos ANTIGUO CONVENTO

PLANO: 2 P. 111 **A3**

Ubicado en el que fuera el antiguo convento de los Trinitarios, tras una restauración que lo ha rescatado del abandono, acoge exposiciones y otros eventos.

Visitar el convento de Santa Isabel MUDÉJAR TOLEDANO

PLANO: 3 P. 111 **A4**

Desde la plaza de Santa Isabel y próximo a la **Escuela de Traductores de Toledo,** se pueden adquirir sus dulces, pero su secreto mejor guardado es el **patio de la Enfermería,** en la calle del Cristo de la Parra, que mira al deshabitado **convento de los Jerónimos.**

Recorrer los Baños de Tenerías TOLEDO ÁRABE

PLANO: 4 P. 111 **A6**

Apenas queda un triste recuerdo de lo que fueron estos baños rituales *(www.consorciotoledo.com; visitas con reserva previa, gratis)* a orillas del Tajo, en el barrio de curtidores, donde tenía lugar la purificación previa al culto en la mezquita de Al-Dabbagin, actual iglesia de San Sebastián.

Admirar la iglesia de los Santos Justo y Pastor IGLESIA

PLANO: 5 P. 111 **D3**

Solo abre para el culto (los jueves a la 18.00). En su interior, la **capilla del Corpus Christi,** con una impecable armonía de yeserías, artesonado y pinturas murales, supone uno de los conjuntos mudéjares más bellos de Toledo.

Adentrarse en los baños del Caballel y del Cenizal TOLEDO ÁRABE

PLANO: 6 P. 111 **C3/C4**

El Consorcio de Toledo gestiona las visitas a estos baños árabes *(www.consorciotoledo.com; gratis)* próximos al antiguo zoco y a la mezquita, en el corazón de la ciudad medieval.

Parar en la iglesia de San Lucas IGLESIA MOZÁRABE

PLANO: 7 P. 111 **D5**

En el **jardín** de esta iglesia *(925 212 713; gratis)* tienen lugar eventos privados y hasta un mercado de las flores (temporal). El segundo y cuarto domingo de mes se puede asistir al **rito hispano-mozárabe.**

SUGERENCIAS

Lo mejor para...

€ Económico €€ Medio €€€ Alto

Localizaciones en el plano de la **p. 111**

Comer

Gastronomía manchega

Los Cuatro Tiempos €€
8 C3
Ofrece gazpacho, ensalada de perdiz, migas manchegas, queso de cabra, medallones de lomo de ciervo y carcamusas. *13.00-16.00 y 20.30-23.00 lu-do; www.restauranteloscuatrotiempos.com*

Contemporánea

La Malquerida de la Trinidad €
9 B2
Desde *pokés* hasta hamburguesas de pollo, lasañas, *pizza* o pasta. *10.00-1.30 do-ju, 10.00-2.30 vi y sa; www.lamalquerida.es*

Tradicional

Café del Kasco €
10 A3
Sirve ricas paellas, puchero, estofado de venado y gazpacho. *9.00-17.00 mi, ju, do y lu, 9.00-22.00 vi y sa; 925 672 343*

Vegetariano/vegano

Madre Tierra €
11 C3
Arroces, pastas, ensaladas, *sushi* vegetariano, *cordon bleu* de seitán y hamburguesas vegetales. *13.00-16.00 y 20.30-23.00 mi-do, 13.00-16.00 lu; www.restaurantemadretierra.com*

Comprar

Regalos y artesanía

Artesanía toledana Maribel Raposo
12 C2
Vende tijeras, navajas, peinetas, santos y damasquinados. *925 222 221*

Artesanía Pinilla
13 C3
Ofrece todo tipo de colgantes, llaveros, crucifijos, jarras, copas y rosarios. *11.00-19.00 lu-do; 925 253 856*

Antique & Vintage
14 C2
En sus estantes hay casi de todo (artesanía, ropa *vintage*, muñecas, juguetes de hojalata y muchos relojes antiguos). *10.30-18.30 sa-ju*

Dulces monacales

Mazapanes del Convento
15 B3
Vende, además de dulces variados, rosarios, libros e inciensos. *10.00-14.00 y 17.30-20.30 lu, ma y ju, 10.00-20.00 vi-do; www.elbazardelconvento.es*

Gastronomía y catas

Museo del Queso Manchego
16 C3
Espacio museístico dedicado al queso con tienda y sala de catas. *10.30-19.00 mi-vi, 11.00-21.00 sa, 11.00-20.00 do; www.museodelquesomanchego.com*

Cerámica

Alhaja
17 C3
Taller y tienda de cerámica, cerca de la catedral primada. *600 829 886*

Sugerencias de lugares para comer y beber en **p. 125**

Explora
La ciudad extramuros

Algunos de los monumentos y miradores más impresionantes de la ciudad se encuentran aquí. La ciudad extramuros regala un recorrido panorámico entre cigarrales (antiguas casas de recreo), ermitas y ruinas visigodas. La mitad norte alberga la bella estación de trenes, el palacio de Galiana, el Hospital de Tavera y las ruinas del circo romano. Por la noche, el sur ofrece una postal resplandeciente, y el barrio de Santa Teresa (algo más alejado, al norte) reúne a aquellos en busca de fiesta nocturna.

Cómo llegar y desplazarse

A pie
Desde el norte conventual, salir por la puerta de Bisagra da paso casi directo a los jardines de La Vega y el Hospital de Tavera. Desde la puerta de Alfonso VI se llega al circo romano. La circunvalación que recorre los miradores y ermitas de la zona de los cigarrales es un recorrido de más de 1 h sin sombra.

En coche
La CM4000 bordea las murallas, pudiéndose aparcar cerca de los jardines del circo romano o, pagando, cerca del Hospital de Tavera. El palacio de Galiana y la estación de trenes cuentan con aparcamiento. La circunvalación sur tiene numerosos lugares donde aparcar.

En autobús
La estación de autobuses está al norte de la ciudad. Una línea urbana lleva hasta la ermita del Valle y otras recorren el interior de la ciudad (www.unauto.es/lineas).

Estación de trenes de Toledo (p. 122).

★

LO MEJOR

Ver panorámicas desde la **ERMITA DEL VALLE** (p. 123).

Descubrir el conjunto neomudéjar de la **ESTACIÓN DE TRENES** (p. 122).

Admirar un ejemplo del Renacimiento en España: el **HOSPITAL DE TAVERA** (p. 118).

Cenar en la terraza del **PARADOR DE TOLEDO** (p. 125).

CIRCUITO A PIE, EN BICI O EN COCHE

Conquistar la otra ciudad extramuros

No es una ruta fácil, pues la pendiente es constante. La circunvalación que acompaña al Tajo desde su margen izquierdo se beneficia de la altura para ofrecer una serie de miradores, ermitas y un recorrido panorámico de lujo entre los puentes de San Martín y de Alcántara, en la mitad sur de la ciudad extramuros.

INICIO	FINAL	DURACIÓN
Puente de San Martín	Puente de Alcántara	5 km; 2-4 h

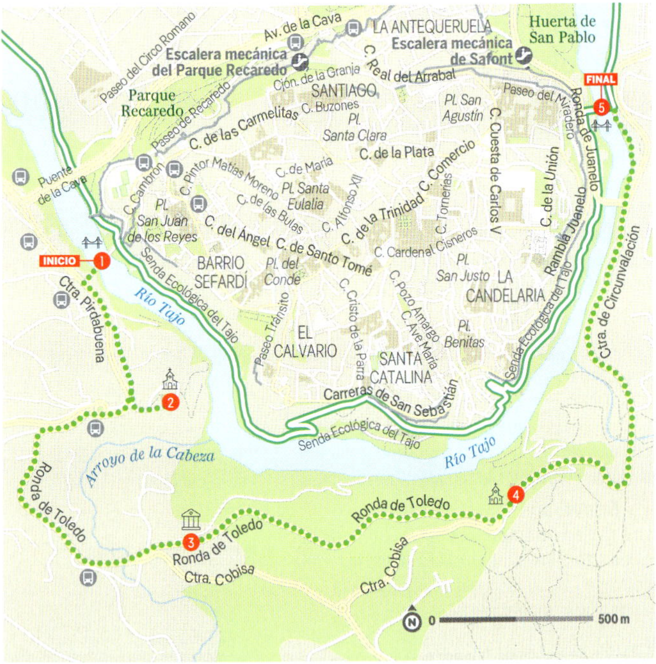

1 Puente de San Martín

Desde el **puente de la Cava** (CM401), en paralelo al de San Martín (p. 88), se disfrutan las panorámicas que ofrece. Bajo los pies, el **Tajo** se despide de la ciudad.

2 Ermita de la Virgen de la Cabeza

Dejando atrás al puente de San Martín, el **mirador** homónimo a mano izquierda permite observar el **azud de Santa Ana.** Unos metros más adelante se debe girar a mano izquierda, entre las viviendas, por la calle del Cerro de la Cruz, que llega hasta la ermita de la Virgen de la Cabeza (p. 123), bordeándola para gozar de una panorámica perfecta de la ciudad, el Tajo y los cigarrales.

3 Los cigarrales

Se regresa a la CM401 y, en la rotonda, se siguen las indicaciones hacia la Ronda de Toledo. Comienza un desfile de cigarrales (p. 123, antiguas casas de campo) que ahora albergan fincas de lujo, hoteles selectos y restaurantes con terrazas privilegiadas. Aparece una serie de **miradores** con vistas a la ciudad amurallada (con aparcamiento gratis).

4 Ermita del Valle

Próximo a la ermita del Valle, la terraza del **Kiosco Base** es punto de quedada para disfrutar de la mejor panorámica de la ciudad mientras se toma algo fresco.

5 Puente de Alcántara

Se cruza el **puente de la Degollada,** con el **cerro del Bu** a mano izquierda. Poco después se deja a mano derecha un fragmento camuflado del antiguo **acueducto** y, a continuación, tras un pequeño puente abierto al tráfico, en plena curva a mano izquierda, aparecen un aparcamiento con sombra y un nuevo **mirador** desde donde observar en el río los restos de un **complejo hidráulico** (presa de San Servando, turbinas de Vargas y molino del Vizconde de Palazuelo). Ya se toca el puente de Alcántara (al anochecer la ciudad se ilumina como un lucero), con el **Hospital de Tavera** a lo lejos y, por la carretera en ascenso a mano derecha, se llega al **castillo de San Servando** (p. 122).

★ IMPRESCINDIBLE

Hospital de Tavera

El mismo año en que El Greco nacía en Grecia (1541), se iniciaban las obras de este edificio clásico que se convertiría en uno de los más grandiosos y refinados ejemplos del Renacimiento en España. Su misión era convertirse en hospital de enfermos y panteón de su promotor, el arzobispo y cardenal Juan Pardo de Tavera. Hoy es fácil enamorarse de este lugar, como lo hizo el pintor cretense (se puede ver la obra *Vista y plano de Toledo* en el Museo del Greco), recorriendo la iglesia, admirando su botica o perdiéndose entre los numerosos libros, árboles genealógicos y manuscritos de su archivo.

PLANO: P. 120 **D1**

VISTAS ÚNICAS
El lienzo noreste de la muralla (mirador del Azor; p. 64) permite una panorámica del Hospital de Tavera. Desde los jardines de La Vega se puede disfrutar con sombra de la fachada principal del edificio.

Escanea este código QR para precios, horarios y demás.

De hospital a museo y archivo

El arzobispo de Toledo, el cardenal Tavera, próximo a Carlos V, se dispuso a levantar un gran **hospital** (y un fastuoso **panteón**) para albergar a los enfermos que empezaban a llenar la ciudad. De gran belleza y pureza, cuenta con **doble patio** (compuesto por 112 columnas, 96 arcos y una galería central que une la puerta de entrada con la de la iglesia) y un amplio espacio museístico donde se conservan los archivos de la Casa Ducal de Medinaceli, Lerma y Feria, propietarios del inmueble.

Capilla y sacristía

En ella se encuentran *El Bautismo,* que fue la **última obra de El Greco,** un tabernáculo con un Cristo resucitado (la única escultura documentada del pintor), el lienzo *Lágrimas de san Pedro* y un cadavérico retrato póstumo (creado 48 años después su fallecimiento) del cardenal Tavera, junto a las notas y la **máscara mortuoria de Berruguete** con las que el pintor se imaginó al que fuera también inquisidor general. La iglesia fue diseñada por Alonso de Covarrubias pero el **sepulcro** de su fundador, bajo la bóveda, es también la última obra conocida de Berruguete, en mármol de Carrara

y con la firma del autor (una cara de unos 10 cm) en la parte baja de la cabecera.

Botica

Reúne una colección de **tarros de cerámica toledana** del s. XVII, además de maletines de dispensa a domicilio y un mueble llamado "el ojo del boticario". Estuvo activa hasta el s. XIX, aunque el hospital mantuvo sus funciones hasta principios del s. XX, reabriéndose durante la Guerra Civil.

Palacio, archivo y biblioteca

Desde 1940, la duquesa de Lerma y el duque de Medinaceli se propusieron convertir el hospital en un palacio. La **antigua enfermería** pasó a albergar salas en las que hoy se conserva mobiliario castellano, alfombras persas, braseros, tapices flamencos, retratos, bargueños, joyeros, un espejo holandés en ébano y un secreter italiano con detalles en marfil. El **archivo del hospital** y el familiar de los Medinaceli, un árbol genealógico (desde Alfonso X hasta los Reyes Católicos) que une seis pergaminos en piel (además de otro en libro y un tercero en cartel) y una preciosa **colección de libros** con bellas encuadernaciones cierran la visita.

CONOCER SU INTERIOR

Con visitas guiadas en varios idiomas cada hora, merece la pena hacer el recorrido completo (12 €) o la versión reducida, siguiendo los pasos de El Greco por los patios, la iglesia y la sacristía (6 €).

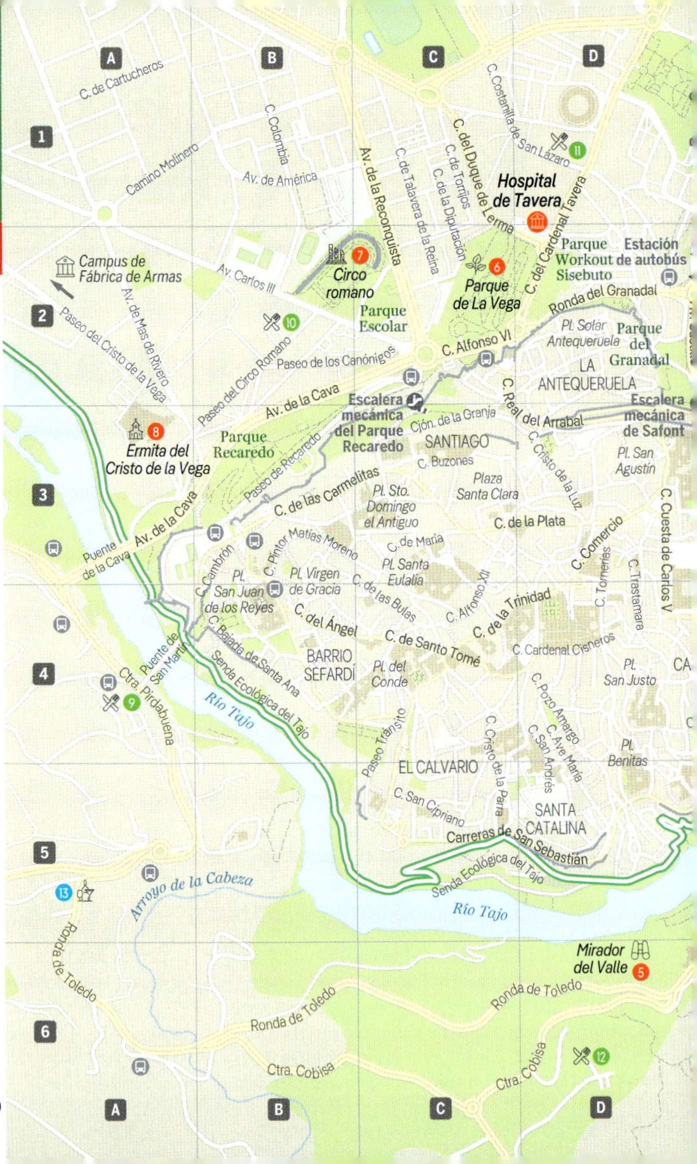
A
B
C
D
1
2
3
4
5
6
C. de Cartucheros
C. Colombia
Camino Molinero
Av. de América
Av. de la Reconquista
C. de Talavera de la Reina
C. de Torrijos
C. de la Diputación
C. del Duque de Lerma
C. Costanilla de San Lázaro
11
Hospital de Tavera
C. del Cardenal Tavera
Parque Workout Sisebuto
Estación de autobús
Campus de Fábrica de Armas
Av. Carlos III
7
Circo romano
Parque Escolar
6
Parque de La Vega
Ronda del Granadal
Pl. Solar Antequeruela
Parque del Granadal
Paseo del Cristo de la Vega
Av. de Mas de Rivero
10
Paseo del Circo Romano
Paseo de los Canónigos
C. Alfonso VI
LA ANTEQUERUELA
Av. de la Cava
Escalera mecánica del Parque Recaredo
Cjón. de la Granja
C. Real del Arrabal
Escalera mecánica de Safont
8
Ermita del Cristo de la Vega
Parque Recaredo
Paseo de Recaredo
SANTIAGO
C. Buzones
C. Cristo de la Luz
Pl. San Agustín
C. de las Carmelitas
Pl. Sto. Domingo el Antiguo
Plaza Santa Clara
C. de la Plata
C. Cuesta de Carlos V
Av. de la Cava
Puente de la Cava
C. Matías Moreno
C. Pintor
C. de María
C. Comercio
C. Cambrón
Pl. San Juan de los Reyes
Pl. Virgen de Gracia
Pl. Santa Eulalia
C. Alfonso XII
C. Tornerías
C. Trastamara
C. de las Bulas
C. de la Trinidad
C. del Ángel
C. de Santo Tomé
C. Cardenal Cisneros
C. Bajada de Santa Ana
BARRIO SEFARDÍ
Pl. del Conde
Pl. San Justo
CA
Puente de San Martín
Ctra. Pirdabuena
9
Senda Ecológica del Tajo
Río Tajo
C. Pozo Amargo
C. Ave María
C. San Andrés
Pl. Benitas
Paseo Tránsito
EL CALVARIO
C. Cristo de la Parra
C. San Cipriano
SANTA CATALINA
Carreras de San Sebastián
Senda Ecológica del Tajo
Arroyo de la Cabeza
13
Río Tajo
Mirador del Valle
5
Ronda de Toledo
Ronda de Toledo
Ronda de Toledo
Ctra. Cobisa
Ctra. Cobisa
12

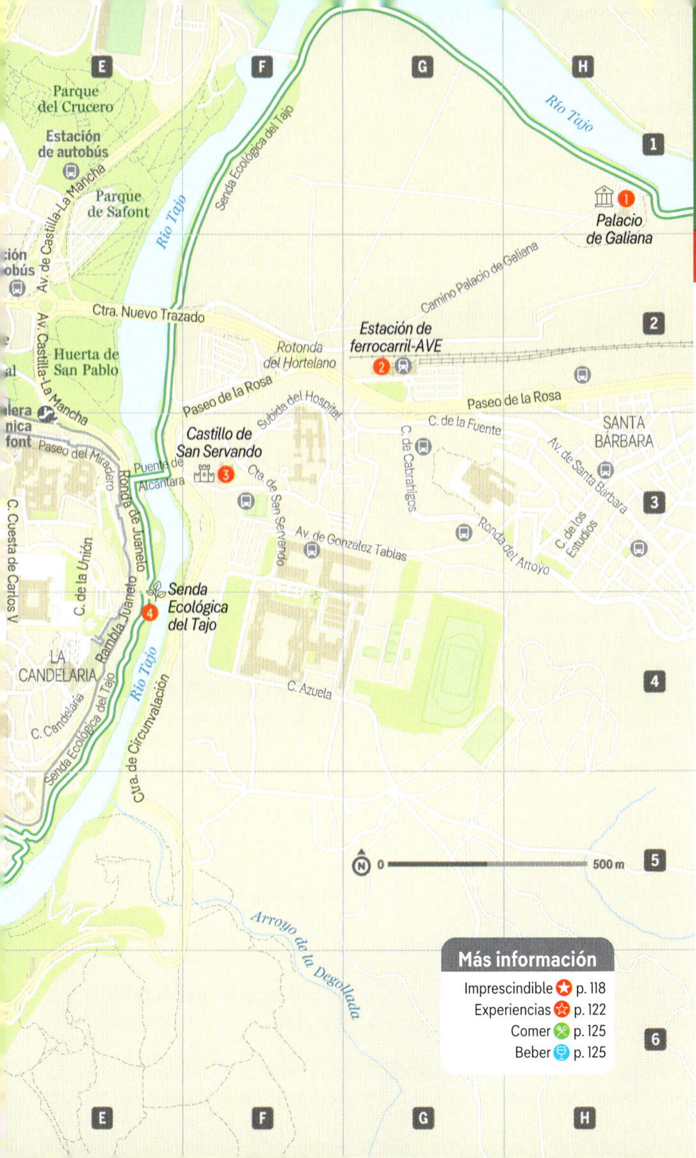

Más información

Imprescindible p. 118
Experiencias p. 122
Comer p. 125
Beber p. 125

EXPERIENCIAS

Descubrir el palacio de Galiana
PALACIO Y JARDINES

PLANO: 1 P. 121 **H1**

En la zona conocida como Huerta del Rey, al norte de la estación de trenes, se ubica este bello y poco conocido palacio *(www.palaciodegaliana.es; 8,40 €; imprescindible reserva previa)*. Conserva aún la esencia de los palacios de recreo del rey taifa Al-Mamún, incluido su jardín botánico, con aires mudéjares y un nombre que honra a la princesa musulmana, hija del rey Galafre y esposa de Carlomagno. Perderse entre sus estancias, patios y zonas verdes es un deleite para los sentidos, con una vista privilegiada de la ciudad histórica.

Viajar al pasado desde la estación de trenes
ESTACIÓN DEL AVE

PLANO: 2 P. 121 **G2**

Unos 500 m al este de la ciudad extramuros (desde el puente de Alcántara) se alza la torre del reloj de esta estación que, inspirada en la de muchas iglesias toledanas, sustituyó en 1920 a su predecesora. No hay mejor forma de llegar a la ciudad y, aunque se venga en coche o autobús, la visita a esta estación monumental es ineludible. Todo el conjunto es neomudéjar, con las habituales almenas y arcos polilobulados, y responde a la búsqueda incesante de seguir incorporando la estética toledana a los nuevos edificios (la **comisaría de policía** junto al circo romano también lo hace). En su interior se despliega un vestíbulo que hace parar el tiempo (incluso retroceder). Un esmerado trabajo de forja delimita el espacio entre las taquillas (también las lámparas son de forja), embellecidas con mosaicos de azulejos y un refinado acabado en madera. Las vidrieras laterales dan paso a una luz llena de colores. El acceso es gratuito pero aparcar tiene un precio elevado tras los 15 primeros min de cortesía.

Subir al castillo de San Servando
CIUDAD DEFENSIVA

PLANO: 3 P. 121 **F3**

Su mirada pétrea no deja de observar el puente de Alcántara. Cruzando este puente hacia la ciudad amurallada se obtienen las mejores vistas de esta pequeña fortaleza (su interior no es visitable, pero cuenta con unos jardines abiertos y una terraza-bar que abre a última hora de la tarde). Tras pasar por varias manos (y mucho tiempo de abandono), el Estado se hizo cargo, fue catalogado como Bien de Interés Cultural, y actualmente es albergue juvenil. Tiene como vecina a la **Academia de Infantería,** que por la noche brilla como casi ningún otro edificio de Toledo.

Recorrer la Senda Ecológica del Tajo
SENDERO MONUMENTAL

PLANO: 4 P. 121 **E4**

Sin cruzar al otro lado del Tajo desde un puente abierto al tráfico

Cigarrales desde el mirador de la ermita de la Virgen de la Cabeza.

a continuación del de Alcántara, se llega a la Senda Ecológica, que bordea la ciudad amurallada y permite contemplar el curso del río y algunos vestigios del pasado hidráulico de Toledo, como lo son el **acueducto romano** (apenas quedan fragmentos de los estribos laterales), la **central de Saelices,** la **Casa del Diamantista,** la **Barca de Pasaje** (que históricamente cruzaba el río para dar acceso a los molinos harineros y ahora es un clásico entre turistas y vecinos) y la **torre del Hierro.**

Ver atardecer desde el mirador del Valle

PANORÁMICA

PLANO: 5 P. 120 **D6**

Una senda zigzaguea con esfuerzo hasta la **ermita del Valle.** Más fácil es llegar en coche o a pie, siguiendo la vía que circunvala el sur de la ciudad, al otro lado del río y concatenando **cigarrales** (antiguas casas de recreo con huertas y jardines privados; hoy lujosos hoteles y restaurantes en su mayoría). Antes de llegar a la ermita del Valle, bordear la **ermita de la Virgen de la Cabeza** permite obtener una buena panorámica de estas casas de campo con vistas al Tajo. Hay numerosos espacios para aparcar el coche y disfrutar de la vista cambiante (tampoco faltan los merenderos) y, si se quiere tomar algo fresco, el **Kiosco Base** es un clásico, a pie de carretera y con una terraza. Apenas 3 km más al norte están los restos del abandonado y olvidado **monasterio jerónimo de la Sisla,** al que no se puede acceder (el terreno pertenece a la Academia de Infantería de Toledo, y ha sido usado desde 1975 como campo de maniobras).

Descansar en el parque de La Vega

JARDINES PÚBLICOS

PLANO: 6 P. 120 **C2**

Ubicado entre la puerta de Bisagra y el Hospital de Tavera, este parque alberga la **Casa de Corcho,** una casa tradicional de pequeñas dimensiones levantada en el s. XIX en la que se alojaba el guarda del parque y que ha alternado planes para ser museo y establecimiento hostelero.

Imaginarse el circo romano

RUINAS ARQUEOLÓGICAS

PLANO: 7 P. 120 **C2**

Invadido por algo parecido a un jardín botánico abierto al público de sol a sol entre la avenida de la Reconquista y la de Carlos III (que cruza de lado a lado el espacio donde tenían lugar las carreras de bigas y cuadrigas), fue construido en el s. I y mantuvo su uso original durante tres siglos. El lugar ha sido expoliado y vandalizado desde tiempos inmemoriales y tal y como está hoy parece que Toledo haya olvidado su importante pasado como ciudad romana. La buena noticia es el propósito de mejora del complejo con la ayuda de fondos europeos, aunque parece que irá para largo. Mientras, se puede visitar (gratis) el acceso al graderío donde se sentaban los más de 13 000 espectadores que llegó a albergar este circo, uno de los más grandes de la península ibérica.

Admirar la ermita del Cristo de la Vega

ERMITA

PLANO: 8 P. 120 **A3**

Observable ya desde el puente de la CM4000 en paralelo al de San Martín, el imponente Cristo de la Vega se alza con solemnidad desde la Vega Baja de Toledo (antigua zona de cementerios). El ábside mudéjar procede de la iglesia original (visigoda), la única parte de este templo que sobrevivió a la Guerra de la Independencia (1808). El resto del conjunto es una reconstrucción (1826 y 1846). También es conocida como basílica de Santa Leocadia, aunque no debe confundirse con la iglesia de Santa Leocadia (p. 89), que se encuentra intramuros.

PATRIMONIO UNIVERSITARIO

Al noreste de la ciudad extramuros están la **torre del Agua** (de estilo mudéjar, gestionada por el Consorcio de Toledo; www.consorciotoledo.com) y la **Fábrica de Armas** (antigua Real Fábrica de Armas de Carlos III). Junto con **San Pedro Mártir**, el **convento de Madre de Dios** y el **palacio de Lorenzana** forman parte de la serie de edificios históricos (dentro y fuera del recinto amurallado) que albergan la Universidad de Castilla-La Mancha. Pueden visitarse en horario lectivo.

Localizaciones en el plano de la **p. 120**

SUGERENCIAS

Lo mejor para...

€ Económico €€ Medio €€€ Alto

Comer

Restaurantes

Edemecum €€
9 A4
A las puertas de la judería, frente a la salida del puente de San Martín, es el restaurante más selecto de la zona (y la mejor opción en todo su entorno). En su coqueto comedor sirven con esmero migas, lomo de ciervo, perdiz a la toledana y un rico arroz a banda. *13.00-17.00 mi-lu, 13.30-16.30 ma, 20.30-23.00 vi; 925 595 383*

Venta de Aires €€
10 B2
Cercano al circo romano (enfrente hay algunos restos) y la puerta de Alfonso VI, este restaurante centenario (el exterior engaña) elabora el cocido de la Sagra, en un entorno de extrema finura en el que el servicio es impecable. *9.00-24.00 do-ju, 9.00-2.00 vi y sa; www.ventadeaires.com*

El Ábside €€
11 D1
Su comedor principal se ubica en un ábside que mira al Hospital de Tavera, pero las mesas emplazadas en el empedrado suelo de la entrada al hotel María Cristina (próximo a la puerta de Bisagra) son el rincón con más gusto de todo el restaurante. Ofrece cocina de temporada y gastronomía tradicional toledana presentada excepcionalmente y con un servicio atento y dispuesto. Algunas de sus propuestas son el arroz meloso de gambón y cigalas, los chipirones en dos salsas o los huevos con jamón ibérico y patatas. *9.00-24.00 do-ju, 9.00-2.00 vi y sa; www.hotelmariacristina.com/restaurante*

Parador de Turismo

Parador de Toledo €€/€€€
12 D6
Hace falta reserva previa para comer en su restaurante pero no para probar alguna de las propuestas de su terraza-café mientras se disfruta de la ciudad al atardecer, aunque el servicio no está a la altura de un lugar así. *terraza 10.30-24.00, restaurante 13.00-15.30 y 20.30-22.30; 925 221 850*

Beber

Terraza

Cigarral de Caravantes
13 A5
Las privilegiadas vistas a la judería y el sur histórico de la ciudad convierten su terraza en el lugar perfecto para tomar con calma un cóctel o un batido de frutas. *17.00-1.30 ma-ju, 17.00-2.30 vi y sa; www.cigarraldecaravantes.com*

Excursiones por la provincia de Toledo

Iglesia de Santo Tomás, Orgaz (p. 137).

★ MERECE LA PENA

Consuegra

Apenas 60 km y 30 min separan la monumental Toledo del onírico horizonte quijotesco que ofrece Consuegra. En lo alto del cerro Calderico, y precedidos por el castillo de La Muela, desfilan 12 molinos harineros, oteando desde lo alto más allá del horizonte, al sur del municipio, hasta que, al caer el sol, las siluetas de los gigantes literarios de Cervantes se enmarcan en un cielo de intensos colores, antesala de una noche estrellada en la que muchos aficionados se dan cita para observar la Vía Láctea.

Puntos de interés

En la plaza España se encuentran los **corredores del s. XVII** (con un museo arqueológico en su interior), el **colegio** de estilo mudéjar de San Gumer-

Molinos de Consuegra.

sindo y el **ayuntamiento,** con un aparejo típico toledano de 1670. Es visita obligada, en pendiente hasta el cerro Calderico (hay mucho aparcamiento disponible en toda la subida y al final de esta), el **castillo de La Muela** (visita guiada combinada con el molino Bolero y el Museo Arqueológico con reserva previa en la oficina de turismo o en la web www.spainheritagenetwork.com), uno de los mejor conservados de Toledo pese a sus ocho siglos de historia.

Desde aquí se obtiene una vista sin igual, especialmente al atardecer, de los 12 **molinos harineros** que inspiraron a Cervantes. Hay varios que conservan el mecanismo completo que permitía transformar el cereal en harina gracias a la acción del viento y en algunos se puede visitar su interior, como el molino Rucio o el molino Bolero. Desandando hacia el pueblo y conduciendo 4 km en sentido suroeste hacia Urda, se encuentra la **presa romana** que, con sus 638 m de longitud y sus 14 contrafuertes, presume de ser la más extensa de las que se conservan del patrimonio romano.

Actividades

En junio tiene lugar la **plantación del azafrán** en los campos que rodean Consuegra. En octubre se recoge el oro rojo y el último fin de semana de este mes se celebra la **fiesta Rosa del Azafrán.**

EN RUTA

De camino merece la pena visitar los castillos de **Orgaz** y **Los Yébenes.** Dejando atrás Consuegra (CM-42), se llega a **Alcázar de San Juan** y desde aquí, a **Campo de Criptana,** con más molinos. En menor medida, también se encuentran en **Tembleque** y **Ocaña,** municipios con plazas mayores prototípicas castellanas, y en **Los Yébenes**). Al sur (A-4) está el **Parque Nacional de las Tablas de Daimiel.**

CÓMO LLEGAR

Por carretera, conducir 64 km hacia el sur por la **CM-42.**

En bus, **Samar** viaja desde Toledo varias veces al día lu-vi y una vez sa y do (www.samar.es).

OFICINA DE TURISMO

En la **estación de autobuses** (www.consuegra.es) y en el **molino Bolero** (925 475 731).

★ MERECE LA PENA

Las barrancas de Burujón

A 30 km de Toledo, las barrancas de Burujón fueron declaradas Monumento Natural en el 2010 y permiten disfrutar a toda la familia de una excursión cómoda y placentera. El viento y las aguas del Tajo han erosionado este terreno arcilloso durante 25 millones de años hasta crear este lugar en el que las cárcavas parecen precipitarse hacia el embalse de Castrejón a lo largo de 1 km.

Un lugar privilegiado

Sorprende nada más asomarse al Tajo la inmensa balsa de agua que muerde a esta formación natural. El **atardecer** ofrece los mejores colores en el cielo, pero las primeras horas del día son las menos

Barrancas de Burujón.

transitadas (y las más frescas). Los picos más altos se asoman al vacío más de 100 m y hay varios **miradores** para disfrutarlos sin peligro, entre los que destacan el del Cambrón y el de los Enebros (accesible para personas con movilidad reducida). No hay ninguna zona en sombra, por lo que se debe llevar protección y evitar las horas centrales.

Flora

El **Sendero Ecológico** de 4 km concatena los diferentes miradores en un entorno natural de gran belleza. Con eternas faldas de olivares a las espaldas, conviven muestras de vegetación riparia (como zarzamoras, eneas y tarayes) y mediterránea (enebros, retamas de bola, almendros y algunas medicinales como el romero y tomillo).

Fauna

Conejos y liebres se cruzan por el camino. La inmensidad de este remanso acuático atrae a cientos de aves, como halcones peregrinos, águilas perdiceras, alguna imperial ibérica y búhos reales y lechuzas. Las barrancas están catalogadas como **Zona de Especial Protección para las Aves** y en ellas, pueden observarse cigüeñas, ánades, garzas, cormoranes, martinetes y aguiluchos laguneros.

CARRETERAS IMPRESCINDIBLES

CM-4050 entre Polán y Burujón Destrozada, es como si estuviera abandonada a su suerte, pero regala 15 km de vegetación autóctona, olivares y viñedos.

CM-4000 entre Toledo y Talavera de la Reina Muestra desde los Montes de Toledo hasta la incipiente sierra de Gredos, con encinares y olivares a los lados.

CM-4130 entre Calera y la A-5 Con la sierra de Gredos al frente, el paisaje que ofrece ya hace soñar con las dehesas extremeñas.

CÓMO LLEGAR

Desde la **CM-4000,** que conecta Toledo con Talavera de la Reina, se debe tomar el **desvío en el km 23-24** si se parte de la capital. Está bien señalizado. Poco después de iniciar el camino por una **pista de tierra** que obliga a ir despacio, hay una explanada donde aparcar, aunque lo más práctico, si no hay demasiados visitantes, es continuar en coche hasta el primer mirador (3 km después) y, desde allí, recorrer a pie el corto sendero entre los miradores (hay cuatro).

★ MERECE LA PENA

Talavera de la Reina

Con un patrimonio inabarcable, Talavera es un museo de cerámica al aire libre, 80 km al oeste de Toledo. Parques, puentes, teatros, edificios civiles, fuentes y hasta un templete musical se engalanan con esta bella artesanía local que tiene nombre propio (Ruiz de Luna), declarada Patrimonio Cultural Inmaterial de la Humanidad. La cruza una ruta de 317 km que hace parada en numerosos municipios, desde la capital toledana hasta la Campana de Oropesa o Puente del Arzobispo (p. 134), municipio con el que comparte la catalogación otorgada por la Unesco a su cerámica. El río Tajo, atravesado por varios puentes, abraza esta ciudad por el sur y, al norte, lo hace la sierra de Gredos. Extremadura casi se puede tocar.

Cerámica de Talavera de la Reina.

Puntos de interés

Se debe comenzar la ruta por los **Jardines del Prado,** y visitar la **basílica de Nuestra Señora del Prado.** Al sur está **La Alameda,** con sus puentes decorados con cerámica talaverana y un **templete musical.** En torno a la calle de las Carnicerías se encuentran las **torres Albarranas** y la **puerta de Sevilla.** Cerca está el **Museo Ruiz de Luna,** uno de los mejores exponentes de cerámica en España. Por su parte, el **Museo Etnográfico** posee restos arqueológicos de unas antiguas tenerías. Los **puentes** más destacados son el Viejo, el Reina Sofía y el contemporáneo puente de Castilla-La Mancha. El corazón de la ciudad y muestra de la aplicación urbana de la cerámica de Talavera es la **plaza del Pan,** próxima al edificio consistorial y al **Centro Cultural Rafael Morales,** con restos arqueológicos romanos. A un paso al norte están el **teatro Palenque** y el **teatro Victoria,** con bellas cerámicas decorando su fachada. De la **colegiata de Santa María La Mayor** destacan el enorme rosetón de su fachada y el bello claustro.

Actividades

Desde Toledo, Madrid o Aranjuez, se puede parar en Talavera en peregrinación por el **Camino Real a Guadalupe** o recorrer a pie la sierra de San Vicente o la **Vía Verde de la Jara.** También se celebran aquí San Isidro (15 may), San Mateo (21 sep), una romería por Santa Apolonia (9 feb), ofrendas

EN RUTA

La CM-4000 para en **La Puebla de Montalbán;** 37 km (A-5) al oeste de Talavera está la fortaleza de **Oropesa** y, 3 km más al sur, la artesanía textil de **Lagartera;** 15 km al norte por la CM-5150 se encuentra **Navalcán** y sus bordados de renombre. En la frontera con Ciudad Real está el **Parque Nacional de Cabañeros.**

CÓMO LLEGAR

Por carretera 39 km por la **A-40** y luego, 41 km por la A-5.

En bus, **Autocares Monbus** desde Toledo (www.monbus.es).

En tren, enlazando en Madrid, **Renfe** (www.renfe.es).

OFICINA DE TURISMO

En el **parque del Cañillo** (925 826 322; www.turismotalavera.com).

Puente del Arzobispo

Hace siglos un arzobispo se hartó de jugarse la vida cada vez que cruzaba las aguas del Tajo. Los intentos de hacer un puente en esta zona habían sido un auténtico fiasco y, finalmente, el religioso mandó construir el que actualmente es el puente de los Once Ojos. Sus dos torres centrales fueron derribadas posteriormente para que pudieran pasar los carros de caballos. En plena Cañada Real leonesa y camino de peregrinos hacia Guadalupe, era el mejor lugar para cruzar el río hacia Extremadura. Juan I, rey de Castilla, le dio nombre a este municipio y agració al enclave como territorio franco (exento de impuestos), por lo que muchos artesanos de Talavera se mudaron al lugar. Hasta bien entrado el año 1800, Talavera y Puente del Arzobispo compartían producción de cerámica, pero a partir de ese momento, el pueblo del puente de los Once Ojos, con disponibilidad en el entorno de los materiales necesarios para fabricar las piezas de cerámica, comenzó su propia andadura ceramista.

Sus diseños en verde y naranja con motivos naturales ganaron éxito y fábricas artesanas como Santa Catalina (www.ceramicasantacatalina.es) consumaron una tradición que aún mantiene viva Jorge G. de la Cal tras cinco generaciones y casi dos siglos de saber hacer. Entre sus clientes se encuentran personalidades de la alta sociedad y edificios emblemáticos como el Parador de Turismo de Lerma (Burgos) o el de Oropesa (Toledo).

florales el día de la Virgen del Prado y las famosas **Mondas** (sábado tras el Domingo de Pascua), heredadas de tiempos romanos. Se puede visitar algún **taller artesano de cerámica** *(www.patrimonioinmaterialceramica.com)* o hacer una visita de **enoturismo** en una bodega (hay varias en los alrededores). También hay un **observatorio astronómico** en Segurilla.

★ MERECE LA PENA

Romanos y visigodos

El legado judío, musulmán y cristiano acapara todas las miradas, tanto en la capital como en el resto de la provincia toledana. Nadie parece acordarse de su pasado más lejano, el origen carpetano, romano y visigodo de estos territorios a la vera del Tajo que tan importante herencia dejó (y que ahora se oculta enterrado en su mayor parte o bajo una nube de polvo y olvido). Carranque, con su palacio y sus mosaicos hace recordar la Toletum romana y, en Guadamur, aún se mantiene en la memoria la fortuita casualidad que hizo descubrir allí el tesoro visigodo más grande jamás hallado: el de Guarrazar.

Carranque

Roma dejó tal calado en lo que hoy es Toledo que hasta el águila bicéfala de su escudo (usado también por Carlos V) es una herencia de las legiones romanas. Una de las dos cabezas representaba al Imperio de Oriente y, la otra, al de Occidente. El **Parque Arqueológico de Carranque** gira en torno a una villa del Alto Imperio romano y se descubre de jueves a domingo mediante **visitas guiadas** *(925 289 546)* y gafas de realidad virtual. Es recomendable llevar protección solar pues el camino (1 km) entre la parte palaciega que aún resiste en pie y la zona de mosaicos, con más de 600 m² de superficie, es al aire libre y el calor azota en esta zona (especialmente en verano). Cuenta también con un centro de interpretación, restos de una iglesia visigoda, una necrópolis y un mausoleo.

CÓMO LLEGAR

Por carretera, desde Toledo, hay que tomar la **A-42** (45 km) en dirección a Madrid (norte). En Carranque se siguen las indicaciones hasta llegar al parque arqueológico (5 km).

Guadamur

Acariciando los Montes de Toledo y la sierra de Noez, esta tierra de herreros y forjadores artesanos ocultaba un tesoro (el mayor de la historia visigo-

da) que había sido enterrado con la llegada de los musulmanes a la zona (en torno al año 711) y no se descubrió, de manera casual, hasta el año 1858. Es fácil llegar a Guadamur buscando aquel **tesoro de Guarrazar,** que se diseminó como la sal en el mar. Una gran parte fue fundido y las coronas votivas de los reyes godos que se salvaron de la locura acabaron repartidas entre el Museo de Cluny (París), el Museo Arqueológico Nacional (Madrid) y La Galería de las Colecciones Reales (Madrid). Es posible ir al **yacimiento arqueológico** en una visita guiada para descubrir la razón que llevó a esconder bajo tierra más de 20 coronas de oro, perlas, gemas y zafiros, numerosos cálices y varias cruces en un deshabitado territorio a 15 km de Toledo.

CÓMO LLEGAR

Por carretera, desde Toledo, se toma la **CM-401** (16 km) en dirección sur.

Interior de la iglesia de Santa María de Melque, San Martín de Montalbán.
DIPUTACIÓN PROVINCIAL DE TOLEDO ©

Siguiendo el rastro visigodo

Aquellos pueblos bárbaros que conformaron en Toledo la capital del reino visigodo, expulsando a los romanos y unificando la península entre los ss. V y VIII, dejaron sembrado un legado que no se limita a Guarrazar. Se debe seguir hasta **San Martín de Montalbán** –con su iglesia de Santa María de Melque– y las necrópolis de **Hontanar, Menasalbas** y **Las Ventas con Peña Aguilera.** Un sendero (PR-TO 17) lleva desde la pedanía de **Casalgordo** (Sonseca) hasta las ruinas de la iglesia de San Pedro de la Mata. El broche de oro lo pone **Orgaz** y su pedanía de Arisgotas, donde están el Museo de Arte Visigodo y el yacimiento arqueológico de Los Hitos, en la ruta de senderismo PR-TO 18.

OFICINA DE TURISMO
Junto al acceso al castillo (925 291 560; c. Jorge Manrique, 10), coordina las visitas a la fortaleza y al yacimiento arqueológico de Guarrazar.

★ MERECE LA PENA

Ruta de los castillos

La provincia toledana, entre La Mancha, los Montes de Toledo y las zonas rayanas con Extremadura, está salpicada de extensos olivares y viñedos, pero también de numerosos castillos. Con más pasado que futuro, captan la atención del viajero, tanto desde las autovías A-5 y CM-42 como desde las carreteras secundarias que conectan las localidades que acogen a estos testigos de la historia.

1 Maqueda

Declarado Monumento Histórico Artístico, el **castillo de Maqueda** es visible nada más aproximarse al municipio homónimo. Se muestra bien conservado y el escudo heráldico de los Cárdenas-Enríquez luce sobre la puerta norte, haciendo honor al matrimonio que, en el s xv, levantó esta fortaleza sobre otra anterior, de origen musulmán. La reina Isabel la Católica habitó entre sus muros de sillería de piedra y ladrillo. Actualmente solo se puede admirar su exterior; si fuera posible adentrarse en su interior, el viajero se sorprendería al toparse con un edificio de recién construcción que casi lo ocupa por completo. En él, aunque no llegó a buen puerto tras una ruinosa inversión, se pretendía albergar un museo de la Guardia Civil (este lugar fue utilizado como cuartel de la Benemérita hasta no hace mucho). Ahora, si se tienen tres millones de euros, se puede pujar para hacerse dueño y señor de esta fortaleza.

DÓNDE COMER EN MAQUEDA

En el Asador Castellano ofrecen menú diario y una carta repleta de platos de cuchara –no falta la tradicional sopa castellana–, carnes asadas, pescados y opciones para los más pequeños de la familia (hay que decir que el aparcamiento no es acorde a un sitio tan refinado).

2 Guadamur

A poco más de 15 km de Toledo se abre un abanico de castillos ubicados al sureste de la capital manchega. Se suceden las **fortalezas de Burujón,**

Montalbán, Polán (a un paso de Guadamur) y el **palacio de El Castañar** (tremendamente bello, de propiedad privada y de no fácil acceso). De entre todos destaca el **castillo de Guadamur,** de inspiración italiana y también en manos privadas, pero con recorridos guiados que permiten disfrutar de su interior y de la finca que bordea su foso. Desde fuera del recinto vallado apenas se puede intuir su majestuosidad por lo que es recomendable acercarse a la **oficina de turismo** *(925 291 560),* cerca de la entrada al castillo, para apuntarse a la visita y, si hay algo más de tiempo, acercarse al **Museo Etnográfico** y al propio **yacimiento** *(www.guarrazar.*

DÓNDE COMER EN ORGAZ

Muy próximo a la iglesia parroquial y al puente de los Cinco Ojos (aunque en Orgaz todo está a tiro de piedra), el Mesón Las Bodegas recibe al visitante con la cercanía de un vecino de toda la vida. Entre sus generosas raciones destacan las cremosas croquetitas de ciervo.

com/visitas), donde se encontraron por casualidad las famosas coronas y cruces del **tesoro de Guarrazar** (p. 136).

3 Cuerva

Se sale del municipio por la TO-3632 y se recorre 1 km para disfrutar libremente y durante unos minutos de las **ruinas del castillo de Peñaflor.** En este pueblo de alfareros, rodeado por viñedos y con el telón de fondo que suponen los Montes de Toledo, duele encontrarse abandonado un bien patrimonial como este.

4 Consuegra

En el corazón de La Mancha, donde los **molinos** de *El Quijote* otean el horizonte desde lo más alto del pueblo de Consuegra, se encuentra el **castillo de La Muela.** Es la antesala (y uno de los mejores miradores) para disfrutar de la panorámica en desfile que ofrecen los gigantes contra los que luchaba el héroe cervantino. La visita conjunta a los molinos y el castillo se puede concertar en la oficina de turismo.

5 Orgaz

De origen árabe, su torre del homenaje alcanza 20 m de altura y casi sucumbió durante la Guerra de las Comunidades de Castilla. Se utilizó como refugio durante la contienda por parte de los vecinos y su imponente aspecto anima a visitarla (sábados o domingos por la mañana), para lo que debe contactarse con la **oficina de turismo** *(925 317 685).*

Lo primero que atrapa al visitante nada más llegar a Orgaz es la majestuosa **iglesia parroquial de Santo Tomás,** obra de Alberto Churriguera y ubicada en el corazón de este empedrado pueblo medieval. Financiada por los propios vecinos, se inauguró en 1763 sin haberse concluido el proyecto inicial que la convertiría en colegiata.

6

Malpica de Tajo

EL CASTILLO

Asomado al río Tajo, un puente de hierro ofrece la mejor panorámica de este castillo-palacio que ha sido habitado desde su construcción. No se puede visitar su interior. De planta cuadrada y con torres en las esquinas, todo su perímetro, salvo el lado del río, está rodeado por un foso. Es buena muestra del típico aparejo toledano de tradición mudéjar, aunque el origen como fortaleza defensiva es árabe (s. x).

CON MÁS TIEMPO

Los amantes del senderismo pueden tomar el **Camino Natural del Tajo** (GR-113) en Malpica del Tajo. La etapa 25 lleva a Talavera de la Reina y la anterior enlaza con Puebla de Montalbán. Más senderos de la provincia en **www.senderosdetoledo.org.**

7

Oropesa

EL CASTILLO

El que fuera patio de armas separa hoy en día el **Parador Nacional** (que ocupa la parte palaciega del castillo) de la **fortaleza defensiva.** Destaca su torre del homenaje, desde la que se obtiene una panorámica completa del municipio. Es posible recorrer su interior abonando una simbólica entrada, pero el Parador está reservado a sus clientes.

CON MÁS TIEMPO

Todo invita a caminar hasta la **plaza del Navarro,** con una bella torre-reloj. Destacan también la **iglesia de la Asunción** y la de **San Bernardo.** En abril tienen lugar unas **jornadas medievales** y, durante el verano, el castillo alberga representaciones de teatro, sesiones cinematográficas y actuaciones musicales.

★ MERECE LA PENA

A un paso de Toledo: Aranjuez

Como un brazo que se introduce en el agua, así se zambulle Aranjuez en la región de Castilla-La Mancha hasta acariciar su capital. El Tajo separa y une la Comunidad de Madrid con su vecina sureña hasta bordear Toledo. Todo en esta ciudad cortesana gira en torno a su palacio y, sobre todo, a sus jardines, inspiración para el concierto que compuso el maestro Rodrigo.

Palacio de Aranjuez.

Puntos de interés

Felipe II fue el monarca que decidió ubicar en este enclave histórico -aquí Aníbal venció al ejército carpetano- su palacio para la primavera. Conserva aún ese aspecto de villa cortesana y, de hecho, Felipe II no permitió que nadie ajeno a la corte residiera en esta villa regia (a excepción de los criados reales). Del **Palacio Real** *(www.patrimonionacional.es)* destacan su escalera principal, el despacho de Carlos II (con vistas al jardín del Rey), el comedor de gala, el gabinete Árabe, el cuarto de Felipe II y el salón de los espejos. También son interesantes la sala de música, el salón de baile y las 200 estampaciones chinas que ocupan una de las salas. El gabinete de porcelana, el tocador de la reina y su dormitorio también llaman la atención. Las cortinas son una auténtica delicia. El palacio cuenta con más de 100 Ha de **zona ajardinada,** siendo imprescindibles el jardín del Parterre, el jardín de la Isla y el jardín del Príncipe (el más grande de todos). Dentro del espacio ajardinado se encuentran la **Casa del Labrador,** visitable con cita previa, y el **Museo de Falúas Reales.**

Actividades

Al Real Sitio de Aranjuez se puede llegar (y regresar) en el **Tren de la Fresa** *(www.trendelafresa.es),* un tren histórico que comunica Madrid con esta villa cortesana. Los más pequeños disfrutarán de un **paseo en barca por el Tajo** *(www.elcuriosity.com)* o de un recorrido en los clásicos **trenecitos turísticos** (junto al Palacio Real). También es posible sobrevolar la localidad en **globo** *(www.theballooncompany.es),* **montar a caballo** *(649 783 945)* o subirse a una **piragua** *(91 892 08 27).* Los amantes del enoturismo pueden hacer una visita a la histórica **Real Bodega Carlos III** *(www.realcortijo.com).*

CÓMO LLEGAR

Por carretera, 48 km por la **N-400** desde Toledo.

En bus, **Aisa** (www.aisa-grupo.com) sale a las 8.00 de Toledo y llega a Aranjuez en 40 min. El regreso es a las 15:15.

OFICINA DE TURISMO

En la plaza de San Antonio, 9 (www.visita.aranjuez.es).

Guía práctica

Vidriera quijotesca de Grisallas Moreno.

Viajar en familia

Toledo ofrece numerosas opciones para disfrutar en familia de su patrimonio y gastronomía. Desde atracciones como su tirolina hasta monumentos de mazapán o trenes turísticos, la ciudad cuenta con opciones para viajeros de cualquier edad.

Espacios verdes

El Tajo puede cruzarse desde el aire, montándose en la **tirolina urbana** más larga de Europa (p. 88), o en la **Barca de Pasaje** (p. 123). Si se buscan espacios verdes para que los mayores descansen y los peques jueguen con seguridad, los jardines del Tránsito (p. 91), los de La Vega (p. 124), con sus legendarios Caballitos de La Vega o la Senda Ecológica del Tajo (p. 122) son algunas opciones. En la ronda entre cigarrales (p. 123) hay espacios acondicionados para cenar de pícnic. De camino a Talavera de la Reina, en Malpica de Tajo, hay un parque multiaventuras (www.bernuyaventuras.com).

Museos para los niños

El **Museo Iluziona** (www.iluziona.com) o la sala de miniaturas del Museo del Ejército (p. 41) acercan el arte y la historia de la ciudad a los niños. Particular es también el **Museo Cromática** (www.museocromatica.com), ubicado en el monasterio de la Inmaculada Concepción. En él, la música suena a diario (en directo) y también pueden verse pinturas de diferentes artistas, la mayoría desconocidos.

Entradas infantiles

La mayor parte de museos y puntos de interés tienen entrada reducida o gratis para los más pequeños (edad variable).

Autobús gratis
Los niños hasta 5 años no pagan.

Comer en familia

Muchos restaurantes cuentan con menús infantiles y opciones de carta pensadas para el público más joven.

LEYENDAS PARA TODOS

Desde asistir a un espectáculo en el **Puy du Fou,** 12 km al suroeste de la ciudad, hasta buscar leyendas secretas con alguno de los recorridos guiados (nocturnos o diurnos), el pasado de la ciudad es divertido para todos (www.rutasdetoledo.es y www.toledosecreto.es son dos de las muchas empresas que ofrecen estos paseos). Hay una guía en PDF titulada *Los Guardianes de Toledo* con la que se anima a que los niños sigan los pasos de varios personajes históricos en ruta por la ciudad.

Alojamiento

El coste del alojamiento es elevado, aunque tiene opciones para todos los gustos. Desde *campings* hasta hoteles de lujo, apartamentos en edificios históricos o habitaciones particulares. Alejarse unos kilómetros reduce algo el precio.

Si te gusta...

Estar a un paso pero respirando calma

En los límites de la muralla, especialmente en las proximidades a la puerta de Bisagra y al **puente de San Martín,** hay propuestas interesantes de apartamentos y hoteles (de todas las categorías) en los que se gana espacio, independencia y facilidades para encontrar aparcamiento (sin alejarse de la ciudad antigua).

IMPRESCINDIBLE

Nos encanta...

Apartamentos Florinda de la Cava

Ubicados junto a la cara exterior del puente de San Martín, estos apartamentos (www.alojamientosturisticostoledo.es) ofrecen vistas privilegiadas de la ciudad (a 5 min andando) en un edificio histórico restaurado con mimo. Para aparcar hay varias zonas próximas gratuitas, y cerca se encuentra uno de los mejores restaurantes de la ciudad extramuros, el Edemecum (p. 125).

Sentir de cerca la ciudad

La judería (al suroeste, intramuros de la ciudad antigua) es el barrio antiguo con más personalidad de Toledo. Alquilar una habitación en una casa compartida o reservar una noche en un hotel aseguran tener la ciudad monumental a los pies.

Alejarse para tener una panorámica

Aunque tampoco es necesario alejarse mucho de la ciudad para observarla en su plenitud, el Parador de Turismo y los muchos hoteles de lujo ubicados en la zona de los cigarrales ofrecen amaneceres privilegiados y noches que se alargan hasta que el cuerpo aguante.

CUÁNTO CUESTA

Habitación (www.airbnb.es)
50-60 €

Plaza de acampada
30 €

Bungaló (en un *camping*)
80-100 €

Casa histórica
150-300 €

Hostal o pensión
100-200 €

Hotel sencillo o apartamento
120-250 €

Comida, bebida y fiesta

ELEGIR Y PAGAR

Elegir comida

Aunque muchos restaurantes se han apuntado a la moda de reducir la carta a un código QR, en Toledo la mayoría sigue contando también con la versión impresa en papel y la suelen ofrecer sin necesidad de pedirla.

Pagar

Al precio final de la comida o cena se añadirá como es costumbre desde hace unos años una cantidad fija por comensal en concepto de servicio o pan. Hay restaurantes que lo justifican con un canapé de cortesía mientras se espera a que llegue la comida y otros no. En la inmensa mayoría de bares, restaurantes y locales de ocio nocturno se acepta el pago en efectivo, Bizum o tarjeta bancaria.

RESERVAR MESA

Para asegurarse mesa en el restaurante elegido, lo más sensato es reservar con uno o dos días de antelación (una semana si la comida o cena coincide en festivos, temporada alta o fin de semana).

MENÚ DEL DÍA (Y FIN DE SEMANA)

Como en el resto del país, es costumbre que todos los restaurantes (también los lujosos) ofrezcan **menú diario** (lu-vi) y, en algunas ocasiones, **menú especial** para el fin de semana. El **cocido completo** (con sopa, garbanzos, verdura y carnes) suele ser un menú en sí mismo, disponible en restaurantes selectos y mesones. La **carta** siempre es una opción y, a veces, se cuenta con oferta diferenciada para la **zona de bar** y para el **comedor del restaurante.** Si se toma la **consumición en la terraza,** lo más probable es que el precio se incremente un 10-15%.

Alergias, intolerancias y otras dietas

En España, por ley, los restaurantes tienen que mostrar los alérgenos (y trazas de estos) que puedan tener los diferentes platos de su carta. Muchos de ellos cuentan con opciones para vegetarianos, veganos, celíacos y, si se les pregunta con antelación, para muchas de las intolerancias habituales.

PRECIOS

Los siguientes rangos de precios se refieren a una comida completa para una persona.

€ menos de 25 €
€€ 25-50 €
€€€ más de 50 €

HORARIOS

Cafes
de 8.00 a 23.00

Restaurantes
13.30 a 15.30 almuerzo
20.00 a 23.00 cena

'Pubs', 'rooftops' y bares de copas
desde las 19.00 hasta las 24.00 (hasta las 2.30 viernes y sábados).

Salir de fiesta

En toda España es costumbre arreglarse para salir a tomar unas copas con los amigos. "¿Aquí dónde se sale?" es una de las primeras preguntas que reciben los recepcionistas de los hoteles.

En Toledo, la **marcha nocturna** más joven se concentra en el **casco histórico** y, extramuros, en el **barrio de Santa Teresa.** Si se busca tomar un cóctel en un ambiente más relajado y, en ocasiones, con música en directo, algunos hoteles entre **Zocodover** y la **Catedral,** y también remodelados **cigarrales** (p. 123), apuran la jornada en sus terrazas o *rooftops* hasta más allá de las 24.00 con vistas a la ciudad iluminada.

CUÁNTO CUESTA

Café o infusión
1,50-2,50 €

Cerveza o refresco
2,50-3,50 €

Copa de vino
2,50-4,50 €

Cóctel
7-12 €

Cocido completo
25-40 €

'Pizza' completa
15 €

Hamburguesa o bocadillo
7-18 €

Menú del día (lu-vi)
15-25 €

Comunidad LGTBIQ+

Cada año, Toledo y su Quijote se visten de colores y, durante una semana, muestran al mundo las diferentes orientaciones sexuales y/o identidades de género en Castilla-La Mancha. Hay una asociación, Bolo-Bolo, y un céntrico espacio, Tendillas, donde se organizan charlas, exposiciones y reuniones, además de un servicio de atención permanente.

Viajeros LGTBIQ+ en Toledo

En general, gais y lesbianas no tendrán problema en mostrar en público su afecto en Toledo, más allá de recibir alguna mirada curiosa por parte de los vecinos más mayores. Castilla-La Mancha cuenta con legislación propia en materia de Diversidad Sexual y Derechos LGTBIQ+ desde el 2022 a la que se suma la de todo el Estado y la europea. Si cualquier viajero se siente vejado o agredido, puede presentar una denuncia en la comisaría de la Policía Nacional o de la Guardia Civil más cercana.

TOLEDO ENTIENDE

Cada año, con una larga trayectoria, la asociación Bolo-Bolo organiza la **semana cultural Toledo Entiende.** Su objetivo es trasladar al conjunto de la sociedad la realidad de la comunidad LGTBIQ+ y, además de la clásica manifestación del Orgullo (sábado), que da comienzo en la plaza de Zocodover y finaliza con la fiesta "Over the Rainbow", tienen lugar una serie de actos lúdicos, informativos y reivindicativos.

Servicio de atención permanente

La Junta de Castilla-La Mancha promueve el turismo respetuoso e inclusivo y cuenta con una Consejería de Igualdad, además de disponer de un servicio de atención permanente, con oficina presencial (925 278 377; c. Salto del Caballo, 3, edificio La Curia).

BOLO-BOLO

Esta asociación toledana (www.bolobololgtb.com) se suma a la ya activa presencia de otras a nivel regional y nacional para dar cabida (y respuesta) a numerosas iniciativas de la comunidad LGTBIQ+ en la capital de Castilla-La Mancha. En el centro cuentan con el Espacio Tendillas, donde suelen realizar exposiciones, reuniones y actividades formativas. Además, cuentan con grupos específicos para atender a jóvenes, mujeres, aspectos de salud, cultura, legales y espirituales.

Salud y seguridad

Toledo es una ciudad segura para hacer turismo. De hecho, ofrece numerosas propuestas para ser descubierta al caer el sol y su iluminación nocturna es ejemplar. El calor no es un tema para bromear. Evitar las horas centrales visitando espacios cerrados como museos e iglesias es la mejor forma de aprovechar esos momentos sin desfallecer.

GESTIONAR EL CALOR

Las temperaturas en Toledo alcanzan picos elevados durante la primavera. En verano hay horas en las que el calor es tan sofocante que no abre ni el comercio. Por ello, es mejor madrugar y llevar siempre agua y un paraguas para protegerse del sol.

Evitar a los carteristas

Toledo es, en general, una ciudad segura, donde no abundan los robos. No obstante, es mejor ser cauto y evitar mostrar públicamente demasiado dinero en efectivo o acudir por la noche al cajero del banco. Tampoco es buena idea dejar objetos de valor a la vista dentro del vehículo (las maletas deben introducirse cuando ya es hora de marchar).

Teléfono de emergencias 112

FARMACIAS DE GUARDIA

Aunque cada vez hay más farmacias abiertas ininterrumpidamente durante todo el día, siempre hay (por ley) alguna de guardia que está abierta por la noche. Se puede consultar en caso de necesidad escaneando este código QR.

A TENER EN CUENTA

Policía Nacional
Av. de Portugal, s/n
(925 288 500 / 091)

Policía Local
Av. de Carlos III
(925 330 500 / 092)

Hospital Universitario de Toledo
(925 269 200; av. Río Guadiana)

Centro de Salud de Buenavista
para urgencias menores
(925 283 527; av. de Irlanda, s/n)

Turismo responsable

La ciudad inconquistable se ve invadida, cada día, por hordas de turistas de todo el mundo, ávidos de descubrir el interminable patrimonio que las tres culturas dejaron en Toledo. Cada grano suma y, si cada viajero pone de su parte, la huella del viaje será menor y la ciudad se verá alterada medioambientalmente en menor medida.

Suciedad y basura

Es una obviedad, pero las calles y alcantarillas no son una papelera donde arrojar colillas de cigarrillos, chicles o envoltorios. Es un gesto que se repite de forma habitual y, con el aumento del turismo en ciudades como Toledo, suponen un incremento en la suciedad. Todo lo que se tira al suelo acaba en el río, y luego en los océanos, donde se lo comen los peces que serán finalmente nuestro alimento.

No firmar en espacios públicos

Se suelen confundir grafitis (en espacios acotados y bajo encargo de ser realizados) con la epidemia de pintadas a modo de firma que invaden todas las ciudades, estropeando mobiliario público, comercios y hasta viviendas y monumentos. La capital toledana no se libra, pero si se incrimina al vándalo al ser observado quizás deje de hacerlo en el futuro.

Consumo local

Es inevitable que el turismo altere en cierto modo la vida de los vecinos, pero no hay que olvidar que quienes viven en Toledo cada día son ellos. Se puede compensar contratando guías locales desde las oficinas de turismo, pernoctando en pequeños hoteles familiares, comiendo en restaurantes locales, comprando artesanía toledana y disfrutando de todo lo que la ciudad ofrece con autenticidad, frescura y cercanía.

Viajeros con mascotas

Si se viaja con perro, este será bienvenido en toda la ciudad (y en el interior de muchos establecimientos), pero no se debe dejar que orine en fachadas, farolas o escaparates. Si hay un descuido debe limpiarse con agua y jabón en vez de mirar para otro lado, y cuando hace caca, recogerla con una bolsita y tirarla a la basura.

FUENTES DE AGUA POTABLE

Se pueden ahorrar unos euros y evitar una nueva botella de plástico rellenando la propia en alguna de las fuentes públicas de la ciudad. Algunas de ellas se ubican en:

Arco de la Sangre

Plaza del Ayuntamiento

Parque de la Vega

Paseo de Recaredo

Reyes Católicos (cerca de la puerta del Cambrón)

Senda Ecológica del Tajo (varias)

Bolsas de tela

Desde el 2017, en toda España, las bolsas de plástico se cobran por ley (y de paso las de papel). La opción más sostenible es llevar una bolsa de tela y no comprar una nueva en cada comercio. En las tiendas de venta de productos alimentarios a granel las bolsas deben ser de material compostable (aunque se pueden llevar bolsas o redecillas reutilizables).

El cambio climático y los viajes

Es imposible ignorar el impacto de nuestros viajes y la importancia de hacer cambios. Lonely Planet anima a todos los viajeros a involucrarse en su huella de carbono. Muchas webs de líneas aéreas y sitios de reservas ofrecen la opción de compensar el impacto de los gases de efecto invernadero realizando donaciones para iniciativas respetuosas con el clima en todo el mundo.

UN VIAJE RESPONSABLE

Toledo en bici
Utilizar la bicicleta para descubrir los alrededores de Toledo puede ser una gran idea. Las alquilan en el Eco Hotel (www.ecohoteltoledo.com).

Comer y comprar eco
Biomarket Toledo (www.biomarketoledo.com) y Bioeco_equilibrio (www.bioecoequilibrio.com) comercializa productos ecológicos a granel y cosméticos respetuosos con el medio ambiente.

Cada cosa en su sitio
Cada residuo tiene su contenedor (amarillo para plásticos y metales, marrón para los restos orgánicos, azul para el papel, verde para el vidrio y gris para el resto de basuras).

Y cada coche en su plaza
Respetar las plazas para residentes (línea verde) es una de las claves para que el turismo no le arruine la vida a los vecinos de Toledo.

Accesibilidad

La ciudad infranqueable

Las personas con movilidad reducida encontrarán en Toledo algunas dificultades para recorrer su empedrado y empinado conjunto amurallado, repleto de angostas y serpenteantes calles. Aunque hay algunos semáforos dispuestos con señales auditivas para invidentes, queda mucho camino por recorrer. No obstante, desde la **oficina municipal de turismo** (925 254 030) facilitan información precisa para hacer del viaje una experiencia gratificante para todos.

Visita con comodidad

Una opción para olvidarse del coche y del difícil entramado urbano es disfrutar de una visita guiada (y locutada) desde los autobuses o trenecitos turísticos (p. 19). Mientras que el tren solo realiza recorridos panorámicos sin paradas intermedias, con el autobús turístico es posible subirse y bajarse cuantas veces se desee para disfrutar con calma de cada monumento.

AUTOBUSES URBANOS

Cada vez son más los autobuses adaptados con rampas para el acceso con sillas de ruedas y carritos de bebé. Además, recientemente se ha incorporado una locución que anuncia las paradas en el interior de cada bus y también el anuncio del tiempo de espera en las propias paradas.

Monumentos accesibles

La estructura de ciudad defensiva medieval que tiene Toledo complica hacerla accesible, pero la capital de Castilla-La Mancha lo intenta por todos los medios y, aunque llegar hasta los monumentos es la tarea pendiente, el acceso a muchos de estos ya está adaptado. Se puede ver el listado escaneando este código QR.

PLAZAS RESERVADAS

La ciudad cuenta con espacios reservados para aparcar y, si se avisa al hotel, suelen gestionar directamente el acceso a zonas restringidas al tráfico con la Policía Local.

Lo esencial

Horario comercial

Bancos 8.30-14.00 lu-vi

Bares 8.00-24.30

Cafés 8.00-23.00

'Pubs' y 'rooftops' 19.00-24.30 lu-ju 19.00-2.30 vi-sa

Correos 8.30-20.30 lu-vi

Restaurantes 13.30-15.30 y 20.00-23.00

Tiendas 10.00-14.00 y 17.00-20.00 lu-vi; 10.00-14.00 sa (algunas tienen horario ininterrumpido)

Supermercados 9.00-21.00 lu-sa

Fumar

Está prohibido, por ley, fumar en espacios públicos cerrados y en las proximidades a centros de salud, parques infantiles, paradas o estaciones de transporte y centros educativos. Además, es una falta de respeto fumar junto a alguien que no lo hace.

A TENER EN CUENTA

Prefijo nacional
+34

Prefijo provincial
925

Población
86 000 hab.

ELECTRICIDAD

220V/230V (50Hz)

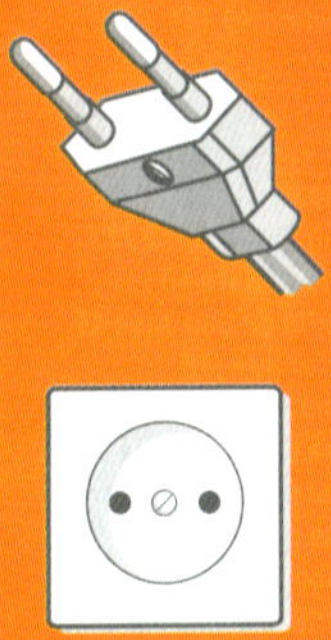

Fiestas oficiales

Año Nuevo 1 de enero

Día de Reyes 6 de enero

Semana Santa (Pascua) mar-abr; Jueves y Viernes Santo y Lunes de Pascua

Fiesta del Trabajo (Día del Trabajo) 1 de mayo

Día de Castilla-La Mancha 31 de mayo

Corpus Christi mayo-junio (jueves, aunque las celebraciones ocupan toda la semana).

Asunción de la Virgen 15 de agosto

Día de la Hispanidad (Fiesta Nacional de España) 12 de octubre

Todos los Santos 1 de noviembre

Día de la Constitución 6 de diciembre

Inmaculada Concepción 8 de diciembre

Navidad 25 de diciembre

APARCAR EN TOLEDO

El acceso al casco histórico de la ciudad intramuros está restringido a vecinos y a visitantes con reserva de hoteles. Tanto fuera de las murallas como dentro (aunque conducir intramuros no es recomendable) hay numerosos *parkings* de pago (1,40 €/h aprox.). Junto a la estación de autobuses y en el paseo de la Rosa hay aparcamientos gratuitos y en las proximidades (extramuros) a los puentes de Alcántara y San Martín hay varias zonas de tierra.

Índice

Puntos de interés p. 000
Págs. de los planos **p. 000**

Véanse también los subíndices:
Comer p. 158
Beber p. 159
Comprar p. 159

Comer

Beber

Comprar

Para poder publicar guías de regiones medianas o fuera de las rutas más transitadas, Lonely Planet en ocasiones cuenta con la colaboración de entidades tales como oficinas de turismo o compañías aéreas. Al establecer dicha colaboración, Lonely Planet se asegura de que su integridad editorial e independencia no se vean afectadas, a través de los siguientes compromisos:

- Publicar información según su propio criterio al margen de las entidades que presten algún tipo de colaboración.

- Nunca prometer u ofrecer nada a cambio, como por ejemplo reseñas positivas. Esta guía ha sido publicada con la colaboración del Ayuntamiento de Toledo y la Diputación de Toledo.

AYUNTAMIENTO DE TOLEDO

TO LE DO Diputación

geoPlaneta
Av. Diagonal 662-664, 08034 Barcelona
www.geoplaneta.com – www.lonelyplanet.es

Lonely Planet Global Limited
Lonely Planet Global Limited, Digital Depot,
The Digital Hub, Dublín D08 TCV4, Irlanda
www.lonelyplanet.com
Contacta con Lonely Planet en: lonelyplanet.com/contact

Toledo de cerca
1ª edición en español – febrero del 2025

Editorial Planeta, S.A.
Av. Diagonal 662-664, 7º. 08034 Barcelona (España)
Con la autorización para la edición en español de Lonely Planet Global Limited, Digital Depot,
The Digital Hub, Dublín, D08 TCV4, Irlanda

ISBN: 978-84-08-29423-8
Depósito legal: B. 13.154-2024
Impresión y encuadernación: Estella
Printed in Spain – Impreso en España

Gracias a Iria, Cris, Núria, Javi, Esther, Santi, Lio, Marga, Alejandra, Antonio, Matilde, Jorge, Juan, Paz, Montserrat, Prado, Jessica, Celia, Quique, Claudia, Noah y Río.